大夏书系·语文之道

黄厚江 著

看得见成长的课堂

序　共生教学，撑起我语文理想的殿堂 / 向　浩　　　　　　　1

第一章　从"交给答案"到"教会学习"
　　　　——共生教学提出的背景和依据

　　答案成了课堂的主宰
　　　　——共生教学的提出背景　　　　　　　　　　　　　3
　　教学就是教会学生学
　　　　——共生教学的理论依据　　　　　　　　　　　　　8
　　语文是一个矛盾的共生世界
　　　　——语文核心素养之间的共生关系　　　　　　　　11
　　案例1　《心田上的百合花开》　　　　　　　　　　　23

第二章　让课堂具有生长力
　　　　——共生教学的课堂特征

　　共生课堂就是催生满园花开
　　　　——共生教学的核心主张　　　　　　　　　　　　41
　　共生课堂是棵成长的树
　　　　——树式共生课堂结构　　　　　　　　　　　　　44

共生课堂是条流动的河

　　——基于现场的教学机制　　　　　　　　　　　49

共生课堂是春雨后的竹园

　　——体现生长的教学形态　　　　　　　　　　54

案例2　《我的叔叔于勒》　　　　　　　　　　　60

第三章　在阅读过程中教阅读
——共生阅读教学的基本方式

带着学生在文本的池塘里摸螺蛳

　　——阅读教学的师生共生　　　　　　　　　　　79

阅读伙伴常常是阅读的向导

　　——阅读教学的生生共生　　　　　　　　　　　81

阅读就是言和意的交往

　　——阅读教学的言意共生　　　　　　　　　　　83

案例3　《出师表》　　　　　　　　　　　　　　88

第四章　写作并不是一个人的事
——共生写作教学的基本方式

成为学生的写作伙伴

　　——师生共生写作　　　　　　　　　　　　　105

作文就是大家一起讲故事

　　——生生共生写作　　　　　　　　　　　　　107

自身是最好的写作资源

　　——自我共生写作　　　　　　　　　　　　　109

借别人的树开自己的花
　　——他者共生写作　　　　　　　　　　　　　　　112

案例4　《写出认识的变化》　　　　　　　　　　114

第五章　共生课堂的共生之道
　　——共生教学的基本策略

带着种子进课堂
　　——选好共生原点　　　　　　　　　　　　　127
让课堂成为运动场
　　——激活共生现场　　　　　　　　　　　　　134
催生学习过程的拔节
　　——促进共生过程　　　　　　　　　　　　　139

案例5　《山民》　　　　　　　　　　　　　　143

第六章　意义见证教学的存在
　　——共生教学的品质追求

让学习的成长看得见
　　——追求教学意义的实现　　　　　　　　　　161
用语文的方式立德树人
　　——引领学生的精神成长　　　　　　　　　　168
教与学是一枚硬币的两面
　　——实现教与学的共生　　　　　　　　　　　174

案例6　《春江花月夜》　　　　　　　　　　　182

第七章　你的课堂也能看得见成长
——共生教学对教师素养的基本要求

既是教练又是陪练
——共生教学的教师角色定位　　　　　　　　　　**205**

在文本的阅读中有你的发现
——会阅读才能教阅读　　　　　　　　　　　　　**211**

成为一个懂写作的人
——懂写作才能教写作　　　　　　　　　　　　　**226**

用自己的读书引领学生读书
——整本书阅读教师要先读　　　　　　　　　　　**231**

案例7　《我和学生一起读〈论语〉》　　　　　　　　**236**

后　记　　　　　　　　　　　　　　　　　　　　　　**243**

序 共生教学，撑起我语文理想的殿堂

向　浩

每一位语文老师都有一个梦想，都有自己的理想殿堂。我的语文理想殿堂是遇到"共生教学"，才慢慢显露出基本雏形的。这倒不是说，我以前的实践和研究没有意义，而是说自己之前的实践和研究都是一个个点，一条条线，没有交织，没有结构，只是沿着不同的方向，不在一个平面里，不停生长，去向哪里不知道，也难以想明白。

早些年的时候，得益于一些前辈的影响，我在文本素读方面下的功夫蛮多。每教一篇文章，我都会自己先裸读几遍，主要目的是想寻找到一个"切入点"。所谓"切入点"，就是能起到"牵一发而动全身"的文本教学入口，通过这个入口，找到一条解析文章的路径，然后逐层剥笋，得其文章精要。这样的探索是有意义的，因为经过这样设计的课堂，教学思路清晰，学生学得也愉快有味。于是，找准一个切入点，然后顺藤摸瓜，牵一发而动全身，成了我解读文本、设计教学的"不二法门"。也因此，我的语文教学慢慢有别于其他老师。2010 年，我在江苏连云港执教的《小石潭记》一课，就是自己教法的较为典型的案例。首先，通过一个主问题"这是一个（　　　）的小石潭"展开教学，然后让学生了解小石潭及其景物特点，整体感知，并落实重点词句的理解，一箭多雕；紧接着，在此基础上再通过另一个主问题"这是一个让人感到（　　　）的小石潭"展开教学，让学生揣摩文章字里行间流露出来的情感，感受作者的独特心境，用朗读贯穿环节始终，达到学生与作者、与文本的高度融合，同时了解本文的特殊写法。两个环节既是孤立的，又互为关联。前者是后

者的基础，后者是前者的生长。现在看来，这既是我教学特色比较充分的体现，又是"共生教学"较为低级的形态。这节课的生成固然是丰富的，但学生在学习过程中的生长却是有限的。更重要的是，这样教学固然有些效果，有些趣味，但是过于单薄，过于呆板。语文教学，不应该如此简单。我苦苦思索，但始终无法找到适合自己的一种语文教学理论。

人，在遭遇事业瓶颈的时候，是最惶恐、最迷茫的，孤独、不安、焦躁、愤怒……众多情绪会一哄而上，侵蚀着人的内心，蚕食着人的意志，直至消极放弃，理想之塔轰然倒塌为止。我的第一个事业瓶颈期长达三年，这三年间，语文似乎离我越来越远。

一个偶然的机会，我接触到了黄厚江老师"本色语文"的主张，又接触到了他的"共生教学"理论，我豁然开朗。这种机缘巧合既是偶然，又可以说是多年默默准备的必然。2015年3月，受首届全新作文研讨会的邀约，我执教了作文课《如何写好喻体》，旨在训练学生的语言表达能力。这节课，从课堂上学生的学习状况来看，应该是比较成功的。我的教学思路是：（1）观察教师，发现特征最明显的地方，确立为比喻的本体。（2）自由创作比喻句，教师归纳学生生成的喻体。（3）根据喻体的表达效果优劣，师生对喻体进行分类，并归纳出"陌生化"的喻体表现力更强。（4）欣赏《围城》（钱锺书）中的三处比喻，巩固"陌生化"选择喻体的基本认知。（5）出示柳树的图片，让学生自由选择喻体，尽量做到"陌生化"。（6）学生创作比喻句，并评价。（7）运用扩展式描写喻体的方法，描写喻体的性质、状态等，让喻体更丰满。（8）选择两个或更多的喻体，尝试写博喻句，让比喻更加丰富。（9）尝试用通感的形式从不同角度来写博喻句，增强比喻句群的表达效果。（10）选择不同的心境，自由创作比喻。

黄老师充分肯定了这节课：在整个指导过程中，教师不讲写作概念，弱化写作知识的讲解，主要通过学生写作过程体验比喻的常见写法；方法的获取主要来自同学和教师，部分来自经典著作，将"共生教学"师生共生、生生共生和他者共生等几种共生方式有机糅合，已经体现了共生教学的基本特点。但他也一针见血地指出了问题所在：句段式的作文教学应该立足于整篇写作的背景，即追求局部和整体的共生与融合，对学生写作能力的提高才能更有意义。

这真的是醍醐灌顶，一句话把我彻底教明白了。作文教学如果停留在片段构思和立意上，其出发点仍是着眼于作文教学的技术手法，这样的教学尽管能看到效果和目标达成，但一旦学生进入整篇写作时，这些所谓技术手法是很难融于整篇的。因为随着作者情感或主题表达的需要，技法的选择因时而异，所以立足作文整篇的构思教学才是有意义的教学。不过，这节《如何写好喻体》的写作课，让我比较熟练地掌握了在过程中指导写作的一般方法，同时也对"共生教学"有了一般意义上的了解。为了让这条路越走越宽，为了让自己的教学个性特征更加明显，为了让每一节课都帮助学生实实在在地成长，2016年暑假，适逢黄老师来深圳坪山做评委，我找了机会拜他为师，让师父带我登语文之堂，入语文之室。

《运用动作描写凸显人物性格》是我《学一点动作描写》这节课的改进版。在师父的指导下，动作描写训练的根本目的变成了表现人物性格，立足于记叙文写作中写人叙事类文章的基本写法指导，但又不是单纯的动作描写指导，而是整体布局，逐层推进，共生共长，自然成篇。我的教学思路如下：(1) 让学生就某一应景事件运用动作描写记录下来，如"放鞭炮""写作业""撕名牌"等。(2) 指名三四位学生读自己的动作描写习作，教师板书其运用到的动词。(3) 教师组织学生给黑板上的动词进行补充，然后排序，最后让学生运用黑板上的动词，按照排列的顺序，再写某一动作过程，将动作描写具体。(4) 借用学生习作中的例子，指导学生在动作前后加以修饰，将动作描写生动。(5) 教师借用黑板上的动词及修饰语，描写一个慢性子孩子的动作过程，学生点评，让动作描写更加准确；让学生描写一个急性子孩子的动作全过程，体会通过准确的动作描写展现人物性格。(6) 借助名作名篇中的动作描写片段，指导学生运用其他人物描写丰厚动作描写，让文章由"段"成"篇"。(7) 最后一起研读用精致的动作描写人的小小说，体会动作描写不是一味做加法，精当的描写才是最合适的。

这样修改后，原来的只是片段训练的碎片式作文训练，变成了突出片段但以整体构思为背景的整篇式作文训练。片段训练固然可以重点突出，逐个击破，但是就长期来看，对学生的作文体验以及作文能力形成是有副作用的，就和碎片式阅读相对于整本书阅读的意义一样。

后来，不管是阅读教学，还是写作教学，我设计课的理论基础和方法依据主要就是"本色语文"的主张和语文"共生教学"的理论。随着对"共生教学"研究的不断深入，我和实验老师们的课赢得越来越多学生的喜欢和同行的热赞。

让我们在语文"共生教学"的大道上一路前行，一路成长。

（作者系深圳龙华区语文教研员，"黄厚江深圳龙华区语文共生教学工作站"领衔人）

第一章

从"交给答案"到"教会学习"
——共生教学提出的背景和依据

答案成了课堂的主宰
——共生教学的提出背景

我们以为,语文教学的诸多问题中,最突出的问题就是"结论教学",即学习过程的缺失,这是语文教学低效率的主要原因。而新课程标准提出的知识与能力、过程与方法、情感态度与价值观三维教学目标中,最关键、最核心的就是强调了学习的"过程观"。

所谓结论化教学,就是教学过程以结论为中心,以让学生获得结论为目的的教学。具体表现有:

1. 结论传递。教学过程是教师把现成结论直接或间接地交给学生。阅读教学是传递关于文本理解和文本赏析的现成结论,让学生知道文章哪一段哪一句的内涵是什么,文章的主旨是什么,文章的主要特点是什么,表现方法是什么;写作教学是告诉学生什么样的作文好、什么样的作文不好,哪些作文有哪些优点,哪些作文有哪些问题。

2. 结论解析。教学过程主要是对各种结论进行分析。阅读教学就是告诉学生文章的主题是什么,为什么是这样的主题,某段某句应该怎样理解,为什么这样理解,某段某句有什么特点,为什么有这样的特点;写作教学就是分析哪些文章为什么好,哪些文章为什么不好,哪些文章得高分,为什么能得高分,哪些文章得分低,为什么得分低。

3. 结论推导。这种现象和"结论解析"过程相反,做法不同,本质一样。阅读教学的过程看似从阅读入手,从文本入手,但一切教学活动是为了最后得出一个和既定的现成结论一致的结论；写作教学看似从文章入手，从学生的习作入手，但最后也是为了证明什么样的文章好，什么样的文章不好。

4. 乱贴标签。阅读教学就是给文本贴标签。一是贴思想内容的标签，基本格式是"表达了什么，揭露了什么，表现了什么"；二是贴形式鉴赏的标签，用了什么方法，具有什么作用，用了哪些修辞，具有什么样的效果，是什么样的结构，运用了什么手法。写作教学就是把"审题如何、选材如何、立意如何、结构如何"等套话和学生的习作挂钩，甚至干脆就把高考评分标准直接和学生作文画等号。

5. 答案教学。教学过程就是教师提问题，学生找答案。找到答案，则大功告成；找不到答案，则是教师报答案，学生记答案，甚至有的教师会让学生背答案。好一点的教师主要是讲答案，答案分为几个要点，是从哪里得出的，什么样的答案是错的。

6. 板书教学。教学过程就是为了完成教师的板书，看起来有阅读、有活动、有提问、有讨论，但目的是为了完成教师设计好的板书。学生的主要任务就是记笔记，把教师板书的内容写在笔记本上。

另一个突出的问题是语文教学的两极化。

语文教学过程包含着种种矛盾，但长期以来，这些矛盾的处理并不理想，存在严重的两极现象。

1. 教师和学生的两极化。教师不了解学生需求，不能引领学生学习，不能解决学生的问题；学生不理解教师的意图，跟不上教师的思路，不能完成教师布置的任务。或者有教无学，或者有学无教，或者教和学割裂，或者本末倒置，学为教服务。

2. 方法和过程的两极化。片面理解"授之以鱼，不如授之以渔"的教学理念，把方法理解为"灵丹妙药"，以为方法一讲就懂，一懂就用，一用就灵。课堂教学常常以方法为中心，教学目的就是为了学习某个方法，各种活动就是为了理解某个方法，方法完全脱离学习过程。

3. 形式和内容的两极化。或者按部就班，照本宣科，第一段到第二段，第一句到第二句，第一题到第二题，任务式教学，机械化操作，没有任何教学设计，看不出任何教学逻辑；或者花里胡哨，华而不实，教学活动形式主义，缺少明确的目的和教学价值追求。

4. 理论和实践的两极化。表面上，新理念一大套，新概念满课飞，如三维目标、两性统一、情境营造、整体感知、合作探究、拓展延伸、小组学习、翻转课堂，但理念没有和教学实践融合，课堂品质没有提高，学生的学习方式没有发生改变。

5. "人文"和"工具"的两极化。或者是空泛的人文说教，阅读教学把文本内容当话题，借题发挥，东拉西扯，写作教学则夸大思想内容的作用，片面强调写作的精神价值；或者是狭隘的工具思想，阅读教学只有字词句章的分析，只有各种表现手段的认识。有的课堂，有的活动，完全不见"人文"，完全没有"工具"。

6. 育人和学科教学的两极化。不能正确理解育人和学科教学的关系，没有正确认识语文学科立德树人的特点。有的课堂，高举"立德树人"的大旗，简单地进行人生说教，脱离学科特点进行人生教育，说大话、说假话、说套话；有的课堂，缺少立德树人的意识，语文观念狭隘，课堂品味不高，缺少对学生应有的人的教育和精神引领。

结论化教学和两极化教学的共同问题是：死。

一是死的内容。不少教师的备课就是抄，不是抄教参，就是抄答案。好一点的，则是到各种资料、网络中去寻找那些自以为新一点的有用的内容，只有别人的东西，没有自己的思考；只有照搬，没有活用，甚至没有选择和加工。

在死的内容中，很大一部分是死的知识。记叙文就是时间、地点、人物、起因、经过、结果等要素，小说就是环境、情节、人物三个要素，议论文就是论点、论据和论证方法。说到情节，就是开端、发展、高潮和结局；说到论证方法，就是事实论证、引用论证、对比论证、比喻论述等；说到细节，就是什么是细节，细节有几种；说到联想，就是联想和想象有什么不同，联想有几种类型。

二是死的目标。自从新课程改革提出知识与能力、过程与方法、情感态度与价值观三维目标之后，很多教师的语文教学目标就成了标准版的"三维格式"：知识目标，能力目标，过程目标，方法目标，情感态度与价值观目标。

即使不是三维目标，教学目标也都是统配的，如掌握关键字词，理解关键句含义，分析人物形象，学习写作方法，培养思想感情，这都是各种文章通用的目标。当然，最省力的做法，就是照抄教学参考书和各种参考资料上的目标。

三是死的过程。一方面，由于一些教育行政部门和伪教育专家们推波助澜地大肆鼓吹和推广各个阶段的所谓教育模式，于是"××经验""×××经验模式"到处为祸作祟，而这些所谓教育模式就是一套僵死的东西。我们以为，真正的教育绝没有什么模式，有模式的就是死的教育。因为教育对象是人，我们要培养活的人，有创造性的人。其他学科姑且不妄下结论，语文教学肯定不能推广"××模式"。当然，也有些教师对新课程的一些理念食而不化，在课堂上照搬照套课程标准的概念，使得"出示目标—分解目标—落实目标—检测目标—强化目标""整体感知—交流分享—合作探究—拓展延伸"等模式都有一定的市场。当然，也有一部分教师对一切时兴的东西都无动于衷，他们始终坚持的就是自己的老一套，每堂课就是"题目—作者—背景—内容—主题—写作特点—作业"，小说就再加上"情节—环境—人物"，散文就加上"优美语句—线索—感情"，议论文就加上"观点—论据—论证方法"，说明文就加上"事物特征—说明方法—说明语言"。

四是死的方法。语文学习当然要讲究方法，现在的语文课不缺少方法。但为什么效果不明显呢？这是因为很多语文课用的是死的方法。那些方法来自书本资料，是千篇一律、人云亦云的方法，是僵死的方法。而且，很多教师以为方法是一讲就懂，一懂就会运用，而且是一用就灵的，把它当作了灵丹妙药。阅读课就讲阅读的方法，如何分层次，如何归纳，如何分析句子含义；写作课就讲写作的方法，如何审题，如何选材，如何结构，如何开头，如何结尾。方法很多，就是没有效果。

五是死的训练。现在比较普遍的做法，就是讲过方法之后进行反复训练。"方法＋训练"已经成为语文教学的一个通用模式。曾听过有个"名校"的一句教育名言就是，"只要学不死，就往死里学"，流毒甚广。现在，很多学科教师采取的办法就是，"只要练不死，就往死里练"。周周练，月月练，已经进化为天天练、早上练、晚上练、课内练、课外练，什么小题狂做、大题疯做、刷题成风。练的结果是，越练越死，必死无疑。

总而言之，教师死教，学生死学，上课死记，课后死练，最后是课堂死气沉沉，学生心死如灰，教师"死心塌地"。面对这样的局面，我们觉得语文教学必须寻求新的突破，寻求新的"活路"。而语文"共生教学"的特征就是"活"，活的内容，活的过程，活的教，活的学，活的课堂；我让你活，你使我活，师生共生，建构充满活力的语文教学课堂。

教学就是教会学生学
——共生教学的理论依据

语文共生教学法的提出,有着充分的理论依据。

依据之一:共生理论的基本原理。

"共生"概念是由德国生物学家德贝里(Anton de Bary)于1879年提出的,原本是指不同种属的生物(动植物)利用对方的特性和自己的特性互相依存、一同生活的现象,也指各种各类生物之间以及与外界环境之间,通过能量转换和物质循环建立密切而和谐的联系。

共生理论在教育范畴已经发挥了巨大的作用。将共生理论引入语文教学,用来解释语文教学中的种种关系,协调语文教学中的种种矛盾,指导教学行为,改善课堂教学状态,具有非同寻常的意义。在语文教学中,尤其是在语文课堂教学中,教师与学生、学生与学生、主体与内容、内容与形式、文意与语言、阅读与写作,乃至素质与应试、创新与继承等矛盾之间,也都是一种共生关系。语文共生教学,就是运用共生理论促进语文教学中各种矛盾之间的协调和共生,从而实现学生语文学科核心素养的提高。

依据之二:母语文化的基本特征。

五行学说是华夏文明的重要组成部分,也是华夏民族创造的哲学思想。古代先民认为,天下万物皆由金、木、水、火、土五类元素组成,它们彼此之间存在相生相克的关系,而"五行"则是指木、火、土、金、水五种物质的运动变化。尽管五行思想更多地运用于哲学、中医学和占卜等领域,其实,用五行学说的思想来解释和协调语文教学中种种矛盾的关系，也是非常有意义的。因为五行思想不仅强调了世界上各种事物之间的相克，更强调了各种事物之间的相生。而语文教学中的各个主体之间、各个客体之间，以及各个主体和各个客体之间，都是一种既相克又相生的关系。

此外，和西方语言文化相比，我们的母语更加注重体验、感悟和积累，其模糊性、整体性更强。而这里的重体验、重感悟、重积累，必须是整体性地体现在整个学习过程之中，而不是相互割裂的。其积累不是一般意义上的语言材料的积累，语文知识的积累最主要的是指体验、感悟的积累，是指学习感受、学习经验、学习过程的积累，以及生活积累、感情积累和思想积累。强调体验、感悟和积累，当然不是不要清晰的分析，也不是不要分解的系列训练，也不是不讲逻辑、不讲科学，而是不能以理性的分析为主，不能依靠所谓系统的训练解决根本问题。其本身的逻辑和科学，也不是通常意义上的先分解再合成、先概念再判断，而有其自身的内在规律。

依据之三：本色语文的教学主张。

语文共生教学，是立足语文本色教学主张形成的教学方法。

本色语文是从课程理解到课堂教学、从阅读教学到写作教学、从教学评价到教师素养的系统教学主张，其核心是把语文课上成语文课，用语文的方法教语文。

所谓把语文课上成语文课，就是要以语言为核心，以语文学习活动为主体，以学生语文综合素养提高为目的。语文课就是要在感悟语言、解读语言、品味语言、积累语言、运用语言的过程中，培养学生积极乐观的生活态度、健康丰富的情感，培养学生的人文素养和审美情趣以及人格和伟大的情怀。

用语文的方法教语文，就是学生按照母语学习规律学语文，教师按照母语学习规律教学，按照母语学习规律考语文，师生也按照母语学习规律应对语文考试。阅读教学要按照阅读的规律教学，写作教学也要按照写作的规律教学。

基于这样的主张，共生教学的基本特征是：在阅读中教阅读，在写作中教写作，用阅读教阅读，用写作教写作。

依据之四：叶圣陶先生在具体实践情景中发挥学生学习主体性作用和伙

伴影响的思想。

叶圣陶先生非常注重教育实践，尤其注重在具体实践情景中发挥学生的学习主体性作用和伙伴影响在学习中的意义。他说，"儿童的天性是注重事实、喜欢自己去做，凡是合乎他们天性的，他们愿意知道它，学会它"。早在20世纪一二十年代，他排除种种阻碍，怀着崇高的使命感和责任感，进行教育改革的实践与探索，创办"生生农场"，建造礼堂、戏台、篆刻室等，带领学生走出课堂，走进生活，走进社会，躬行实践，给我们留下了很多可供借鉴的理论和经验。叶先生还说过一句意味深长的话："教育是农业，不是工业。"如果说教育是农业，那么语文教学首先是农业。他开创"生生农场"的实践探索和他的"教育是农业"的思想，是共生教学的重要实践基础和思想基础。

依据之五：新课程改革的基本理念。

学生是学习的主体，课堂教学要体现学习过程，教师本身就是课程资源等，这都是新课程的基本理念。语文共生教学对这些理念，都有着非常充分的体现。

共生教学真正体现了学生主体。学生主体不是学生上课发言的次数多，不是课堂的气氛活跃，更不是"学生想做什么就做什么，想说什么就说什么"，而是教师站在学生的立场组织教学内容和教学过程，教学过程和教学方法要符合学生的认知规律，尊重学生的学习需要和学习成果，尤其是让学生亲历学习过程，在学习过程中获得快乐和成长。

共生教学充分体现了教学的过程观。它充分认识到学习场景对于学习的意义，高度关注学习过程中的交互性及其价值，尤其注重学习过程中学生主体之间的相互作用，从更高层次上实现合作对于学习者的意义，真正把课堂变成学习的场所，把教学过程变成学习成长的过程。对于语文学科来说，学习内容绝不仅仅是课本内容、教材内容，也不仅仅是教师所能准备的那些内容，学习情景和呈现情景的那个现场，是最有价值的教学资源和教学内容。所谓合作，也不仅仅是知识的互补、问题解决中的互相帮助，更重要的是指学习过程中的互相激活、互相引发和互相唤醒。

共生教学还体现了正确的教师观。它既承认教师是学生学习的组织者、引导者，又承认教师是课堂学习的参与者和受益者，还特别强调教师是学习的先行者和同行者，注重发挥教师的课程资源价值。

语文是一个矛盾的共生世界
——语文核心素养之间的共生关系

一、语文核心素养是以"语言建构与运用"为基础的共生

一直以来,对于备受关注的语文核心素养这个话题,新修订的《普通高中语文课程标准(2017年版)》似乎给出了一个比较明确的说法:"语文素养是学生在积极的语言实践活动中积累与构建起来,并在真实的语言运用情境中表现出来的语言能力及其品质;是学生在语文学习中获得的语言知识与语言能力、思维方法和思维品质、情感态度与价值观的综合体现。语文学科核心素养是指语文素养的核心要素和关键内容,主要包括'语言建构与运用''思维发展与提升''审美鉴赏与创造''文化传承与理解'四个方面。"尽管这个说法未能够成为定论,而且可以肯定地说还会有人提出许多不同的说法,但我们认为,至少可以说这是对前一阶段讨论的一个"交代"。我们相信,后一阶段人们关注的焦点更多的是对这一说法本身的理解以及其实践体现。因此,我们试图从课程实践的角度谈谈对四大核心素养之间关系的思考。

首先,四大核心素养之间应该不是这样的关系:

1. 不是简单的叠加关系。我们担心,提出这四个核心素养的概念之后,就像当年对待三维目标一样,有些语文课的教学目标便会简单罗列:一是什么素养,二是什么素养,三是什么素养,四是什么素养,文本解读也会按照这四个核心素养对号入座地进行解剖;我们更担心课堂教学会按照这四个核心素养

一一去落实，把语文课弄成四个核心素养的拼盘，甚至可能每一个步骤都能说得出是针对什么素养目标。

2. 不是简单的交叉关系。有人以为，既然不是简单的相加，那么就应该是相互之间的交叉和穿插。在"语言建构与运用"中穿插"思维发展与提升""审美鉴赏与创造"和"文化传承与理解"，在"思维发展与提升"中穿插"语言建构与运用""审美鉴赏与创造"和"文化传承与理解"，在"审美鉴赏与创造"中穿插"语言建构与运用""思维发展与提升"和"文化传承与理解"，或者在"文化传承与理解"中穿插"语言建构与运用""思维发展与提升"和"审美鉴赏与创造"。这样的所谓穿插，其实仍然是一种叠加，是对四个核心素养割裂的理解，只是把四个核心素养的拼盘弄成了"三明治"或者"四明治"，最多就是做"南瓜米饭"或"胡萝卜稀饭"。

3. 不是简单的主次关系。长期以来，人们对语文核心素养始终存在着不同的观点，有人以为主要是"语言建构与运用"，有人以为主要是"思维发展与提升"，有人以为主要是"审美鉴赏与创造"，有人以为主要是"文化传承与理解"。尽管现在提出四个核心素养，说明每一个都重要，但有些人的心结很可能并没有全部打开，仍然会认为其中某一个更为重要，在具体教学中只是把它作为最主要的放在突出位置，淡化处理其他素养，甚至置之不理。其实，即使不是简单放弃，只要有所谓主次之分，还是将四者割裂开来理解的。

4. 不是简单的平等对待。有人会以为既然四者没有主次，那么就应该同样重要，于是在教学里平均用力，有的课大搞"语言建构与运用"，有的课大搞"思维发展与提升"，有的课大搞"审美鉴赏与创造"，有的课大搞"文化传承与理解"。某种意义上说，这似乎有一定的道理。但我们以为，这仍然是对四个素养关系的错误理解，至少是肤浅的理解。如果语文课淡化了"思维发展与提升""审美鉴赏与创造"和"文化传承与理解"，过度重视"语言建构与运用"，或者淡化其他方面，过度重视某一方面，都不是正常的状态，其实质还是互相割裂的理解。

那么，四大核心素养之间到底应该是什么样的关系呢？应该是以"语言建构与运用"为基础的相融共生的关系。

为什么说一定是以"语言建构与运用"为基础的呢？

最新版的《普通高中语文课程标准（2017年版）》明确指出："语言建构与运用是语文核心素养的重要组成部分，也是语文素养整体结构的基础层面。学生语文运用能力的形成、思维品质与审美品质的发展、文化的传承与理解，都是以语言的建构与运用为基础，并在学生个体言语经验的建构过程中得以实现的。"（据我们所知，这是最新送审稿新加内容）。强调"语言建构与运用"是语文素养整体结构的基础层面"，并不是说它特别重要，而是说其他三者都是在"语言建构与运用"的过程中实现的，缺少了"学生个体言语经验的建构过程"，思维品质与审美品质的发展、文化的传承与理解便无法得以实现。似乎"思维发展与提升""审美鉴赏与创造"和"文化传承与理解"在语文课程之外都有着丰富的内涵和广阔的空间，但如果缺少了"语言建构与运用"就已经不再是语文课程范畴内的"思维发展与提升""审美鉴赏与创造"和"文化传承与理解"了。

从课程标准对四个素养的描述中也很容易看出，"语言建构与运用"是四个核心素养相融共生的基础。课程标准指出："语文素养是学生在积极的语言实践活动中积累与构建起来，并在真实的语言运用情境中表现出来的语言能力及其品质；是学生在语文学习中获得的语言知识与语言能力、思维方法和思维品质、情感态度与价值观的综合体现。""在积极的语言实践活动中构建起来""在真实的语言运用情境中表现出来的""在语文学习中获得的"，这样的限制性表述，很清楚地强调了四个核心素养中"语言建构与运用"是基础，其他三个核心素养必须在"语言建构与运用"实现的过程中得以实现。课程标准在具体表达四个核心素养中的其他三个核心素养时，是这样表述的："思维发展与提升是指学生在语文学习过程中，通过语言运用，获得的直觉思维、形象思维、逻辑思维和创造思维能力的发展，以及思维的深刻性、敏捷性、灵活性、批判性和独创性等思维品质的提升。""审美鉴赏与创造是指学生在语文学习中，通过审美体验、评价等活动构建起来的审美意识、审美情趣与鉴赏品位，以及在此过程中逐步掌握的表现美、创造美的能力。""文化传承与理解是指学生在语文学习中，继承中华优秀传统文化，理解、借鉴不同民族和地区文化的能力，以及在语文学习过程中表现出来的文化视野、文化自觉意识和文化自信态度。"四个"在……中"和"通过语言运用"等修饰限制词句明确表明，语文核心素养中的"思维发展与提升""审美鉴赏与创造"和"文化传承与理解",不是一般意义上的"思维发展与提升""审美鉴赏与创造"和"文化传承与理解",而是融合在"语言建构与运用"过程之中的。"语文学习"和"语言运用"的过程,是提高"思维发展与提升""审美鉴赏与创造"和"文化传承与理解"三个核心素养的必然途径。

为什么说四者是相融共生的关系呢?

从课程标准的表述中,我们也能找到非常明确的答案。课程标准在描述"语言建构与运用"时说:"语言建构与运用是指学生在丰富的语言实践中,通过主动的积累、梳理和整合,逐步掌握祖国语言文字特点及其运用规律,形成个体的言语经验,在具体的语言情境中正确有效地运用祖国语言文字进行交流沟通的能力。"很显然,"祖国语言文字特点"既蕴含着审美,又包含着"文化传承与理解"。它还要求"积累丰富的语言材料和言语活动经验,形成良好的语感;在已经积累的语言材料间建立起有机的联系,理解、探索、掌握祖国语言文字运用的基本规律"。"建立起有机的联系""理解、探索、掌握祖国语言文字运用的基本规律",这里必然包含"思维发展与提升"。它又说,"能将具体的语言作品置于特定的交际情境和历史文化情境中理解、分析和评价",这里必然有"文化传承与理解",也必然有"审美鉴赏与创造"。它在对"思维发展与提升"的描述中要求,"获得对语言和文学形象的直觉体验;在阅读与鉴赏、表达与交流、梳理与探究活动中运用联想和想象,丰富自己对现实生活和文学形象的感受与理解,丰富自己的经验与语言表达",这里有"语言建构与运用",也有"审美鉴赏与创造"。"能够辨识、分析、比较、归纳和概括基本的语言现象和文学形象,并能有理有据地表达自己的观点和阐述自己的发现;运用基本的语言规律和逻辑规则,分析、判别语言,准确、生动、有逻辑地表达自己的认识;运用批判性思维审视语言作品,探究和发现语言现象和文学现象,形成自己对语言和文学的认识",这里有"语言建构与运用",也有"审美鉴赏与创造",更有"思维发展与提升"。在对"审美鉴赏与创造"的表述中要求,"感受祖国语言文字独特的美,增强热爱祖国语言文字的感情",这里既是对"审美鉴赏与创造"的要求,又是对"语言建构与运用"的要求,同时也有对"文化传承与理解"的要求。"能运用祖国语言文字表达自己的审美体验,表达自己的情感、态度和观念，表现和创造自己心中的美好形象；讲究语言文字表达的效果及美感，具有创新意识"，这里既包含了"语言建构与运用"，又有"文化传承与理解"。同样，在对"文化传承与理解"的描述中，"通过祖国语言文字运用的学习，体会中华文化的博大精深、源远流长，增强文化自信，理解、认同、热爱中华文化，继承、弘扬中华优秀传统文化""通过语言文字作品的学习，尊重和包容，初步理解和借鉴不同民族、不同区域、不同国家的文化，吸收人类文化的精华"，这里有"语言建构和运用"，更有"审美理解和创造"。由此可见，四个素养之间是你中有我，我中有你，相互融合，无法剥离，更重要的还是互相促进、相得益彰的共生关系。

那么，在语文教学实践中，如何实现以"语言建构与运用"为基础的四个核心素养的共生呢？

二、"语言建构与运用"和"思维发展与提升"之间的共生

"语言建构与运用"和"思维发展与提升"之间是什么样的共生关系呢？我们的理解是："语言建构与运用"为"思维发展与提升"提供载体和平台，"思维发展与提升"使"语言建构与运用"更加丰富和理性。

课标指出：思维发展与提升是指学生在语文学习过程中获得的思维能力发展和思维品质的提升。一般来说，思维能力包括理解力、判断力、推断力和想象力等基本思维能力，思维品质是指人在长期的思维活动中提炼和积淀而形成的比较稳定的思维素养，包括逻辑性、深刻性、灵活性、敏捷性、批判性和创造性等思维特点。所谓理解力，是对某个事物或事情的认识、认知、转变过程的能力，也是对已有知识领悟接受的能力；所谓判断力，是通过选择和抉择的形式，将其价值观付诸在事件上的性格体现能力，指对事物的性质作出判断的能力；所谓推断力，是指根据已知事实或条件推断出相关结果的能力；所谓想象力，是指在已有形象的基础上，在头脑中创造出新形象的能力。思维的逻辑性是指能够按照思维规律进行思维，概念清晰，定义准确，推理合理；思维的深刻性集中表现为善于概括归类，逻辑抽象性强，善于抓住事物的本质和规律，善于预见事物的发展进程，能开展系统的理解活动；思维的灵活性是指思

维活动的灵活程度，主要指善于从不同的角度与方面思考问题，能较全面地分析问题、思考问题、解决问题；思维的敏捷性是指思维流畅迅速，灵活多变，能在短时间内对问题作出正确的判断；思维的批判性是个体对知识的过程、理论、方法、背景、论据和评价知识的标准等作出自我判断的思维品质；思维的创造性是能够运用超常规的思维方式进行思维，有人把它称为任意性思维。

人类究竟用什么方式思维？思维和语言到底是什么样的关系？对于这些问题，至今还存在许多不同的观点。很多人主张从语言和思维的关系把人类思维分为语言思维与非语言思维两种形式。

毫无疑问，语言思维中，思维和语言有着紧密的联系。那么，两者是什么关系呢？对此又存在两种观点："等同说"和"分离说"。"等同说"认为，语言与思维是合而为一、不可分离的，即没有语言的思维和没有思维的语言都是不存在的。"分离说"认为，语言与思维是分离的，思维可独立于语言之外，语言并非思维所不可缺少的东西。

一般认为，语言思维包括自然语言思维、特殊语言思维和形式语言思维。自然语言思维是现代人类进行思维的最重要手段，它指的是除特殊语言之外的语言思维，是一种用内化语言处理概念的过程。除自然语言思维外，人类也借用一些特殊语言进行思维，如手语和盲文，对于特殊人群而言，它们在功能上几乎和自然语言一致。形式语言专指构造数学与逻辑学等学科的形式化符号系统，有数字、逻辑符号、计算机语言等，建立在这些人工形式符号之上的思维，统称为形式语言思维。非语言思维可以分为形象思维和副语言思维。所谓形象思维，就是把各种感官所获得并储存于大脑的客观事物形象的信息，运用比较、分析、抽象等方法，加工成反映事物共性或本质的一系列意象，并以这些意象为基本单位，通过联想、类比、想象等形式，形象地反映客观事物的内在本质和（或）规律的思维活动。副语言思维在人们的非语言交际中大量存在。人们通过可以传递信息的面部表情、手势以及其他身体动作构成的身势语进行的交际，便是一种非语言交际。

毫无疑问，语言思维中的自然语言思维和非语言思维中的形象思维，是思维的主要形式。从语文教学的立场看，它们也是实现"语言建构与运用"和"思维发展与提升"互动共生的主要领域。可以说，语言思维中的自然语言思维能力的培养，离开了"语言建构与运用"则无法进行。因此，课标要求："能运用基本的语言规律和逻辑规则分析、判别语言，有效地运用口头语言和书面语言与人交流沟通，准确、清晰、生动、有逻辑地表达自己的认识；能运用批判性思维审视言语作品，探究和发现语言现象和文学现象，形成自己对语言和文学的认识；能自觉分析和反思自己的言语活动经验，提高语言运用的能力和思维的深刻性、灵活性、敏捷性、批判性、独创性。"而形象思维要运用比较、分析、抽象等方法，把各种感官所获得并储存于大脑的客观事物形象的信息，加工成为反映事物共性或本质的一系列意象，通过联想、类比、想象等形式，形象地反映客观事物的内在本质和（或）规律，也不得不借助"语言建构与运用"的过程得以实现。因此，课标要求："通过本课程的学习，学生能获得对语言和文学形象的直觉体验；能在阅读与鉴赏、表达与交流、梳理与探究活动中运用联想和想象，丰富自己对现实生活和文学形象的感受与理解，丰富自己的经验与语言表达；能够辨识、分析、比较、归纳和概括基本的语言现象和文学形象，并能有依据、有条理地表达自己的观点和发现。"

很显然，尽管理论上还有这样那样的分歧，但从语文教学实践的角度看，"语言建构与运用"和"思维发展与提升"之间必然有着极其紧密的内在联系。如前所述，既然立足语文教学谈"思维发展与提升"，毫无疑问主要应该是语言思维，而不管是"等同说"的语言思维还是"分离说"的语言思维。我们应该关注的是如何在"语言建构与运用"的过程中融入"思维发展与提升"，借助"思维发展与提升"使"语言建构与运用"更为理性和丰富，具有更高的品质。

事实上，缺少"思维发展与提升"的"语言建构与运用"，是当前语文教学的一个严重问题。由于缺少与"思维发展与提升"的融合，语文教学中的"语言建构与运用"显得狭隘和逼仄，效果不明显。有些教师的提问或者活动组织没有明确的要求，学生的发言常常是随意发挥，最后只能是你好他好大家都好，或者是为活动而活动，看似精彩热闹，其实效果寥寥，基本没有达到"语言建构与运用"的目标要求。当学生的问题回答或者所谓讨论脱离核心话题和要求，学生的观点表述互相矛盾、论证难以自圆其说、明显不合逻辑的时候，教师却视而不见、听而不闻，无动于衷，听之任之，不加（或不能）及时纠正和引导，甚至有时候打着所谓培养创造性思维的幌子，违背思维的基本规律进行对话和批判，或者脱离共同话题进行抬杠式的质疑，最后陷入"公说婆说、鸡说鸭说式"的论辩。正是因为种种诸如此类的做法，许多的"语言建构与运用"活动没有效果甚至适得其反。

因此，尤其应该强调和加强研究的是如何实现"思维发展与提升"对于"语言建构与运用"的意义和价值，如何借助"思维发展与提升"增强"语言建构与运用"的意义和价值，使"语言建构与运用"更加丰富和理性；如何在"语言建构与运用"中加强"思维发展与提升"，在进行"语言建构与运用"中同步实现"思维发展与提升"，真正达到"思维发展与提升"和"语言建构与运用"共生双赢的效果。

三、"语言建构与运用"和"审美鉴赏与创造"之间的共生

"语言建构与运用"和"审美鉴赏与创造"之间是怎样的共生关系呢？我们的理解是："语言建构与运用"为"审美鉴赏与创造"提供了凭借，"审美鉴赏与创造"使"语言建构与运用"更有品位和魅力。

审美素养是个体在审美经验的基础上积累起来的审美素质涵养，主要由审美知识、审美能力和审美意识三要素组成。其中，审美知识是基础，审美能力是核心，审美意识是灵魂。个体的审美知识涵养主要包括进行审美活动所需要的美学知识和相关学科知识。审美知识是个体从事审美活动所必需的，提高审美知识涵养对于提高个体的审美素养具有重要的基础性作用。审美能力是从事审美活动所必需的心理特征。没有审美能力就不可能使潜在的审美对象在意识中呈现，不可能有审美感受和审美表现，所以也谈不上任何审美活动的发生。因此，审美能力在学生审美素养的构成中处于核心地位。审美意识是一种审美的价值观念形态，在审美过程中起着意义规范和价值评判的重要作用。就个体的审美素养而言，审美意识主要是指在审美活动中涉及审美的选择、判断、评价的观念意识。个体的审美意识是其世界观、人生观、价值观的有机组成部分之一，是其人生志趣与社会理想在审美方面的体现。课程标准指出：审美鉴赏与创造是指学生在语文活动中体验、欣赏、评价、表现和创造美的能力

及品质。我们的理解是,"体验、欣赏、评价、表现和创造美的能力及品质",就是通常说的审美素养。

凡是审美活动一定有所凭借,如音乐的审美借助声音和旋律,绘画的审美借助线条和色彩,舞蹈的审美借助形体和动作。毫无疑问,语文教学范畴中的"审美鉴赏与创造",要借助"语言建构与运用"来进行。

语文和审美有着天然的紧密联系,我国历来就有在语文教育中重视"审美鉴赏与创造"的传统。从汉字的创造到词语的构成,从句式运用到修辞手法,从语段到篇章,从文体到思想,从先秦散文到汉代辞赋,从唐诗到宋词,从元明杂剧到清代小说,为我们提供了一个浩瀚的审美宝库。即使把视野缩小到语文教材和语文课堂,无论是阅读教学还是写作教学,无论是教学内容还是教学方法、教学过程,无不是培养审美鉴赏和创造的资源。可令人遗憾的是,目前语文教学中两者常常是剥离的,更多的时候,审美鉴赏和创造是缺失的,其基本表现是"只见语言建构与运用,难见审美鉴赏与创造"。现代文的阅读教学,很少引导学生去感受汉字汉语的美、体验语言文字作品所表现的形象美和情感美,更不用说培养学生热爱祖国语言文字的感情。哪怕是文学作品,教师眼中也只有"知识点""能力点"和"考点",或者只有所谓的"语言点",独独没有"审美鉴赏与创造"。有时在诗歌等文学作品的教学中,看似在引导学生欣赏、鉴别和评价不同时代、不同风格的语言和文学作品,分析其思想情感和语言特点,其实质则是在硬塞给学生一个命题的答案,大讲文体知识和解答题目的技巧,而没有具体的审美体验活动,更不能培养学生正确的价值观、高雅的审美情趣和高尚的审美品位。即使对古诗鉴赏这种审美趣味非常浓厚的教学内容,很多教师也将之高度技巧化,生搬硬套地让学生从语言揣摩和运用的角度掌握所谓"答题方法",大讲意象、意境、衬托、烘托、白描等鉴赏知识,甚至让学生背诵诸如比拟的作用、叠词的效果等答题要领。

作文课常常是满眼的技巧和方法,如何开头,如何结尾,如何安排结构,如何选择材料,甚至立意也能归纳出一套套方法。教师研究作文教学和课堂作文教学,就是立足于"写作文"的"写"的过程,而对作文前的过程基本全然不顾,更不用说培养学生运用祖国语言文字表达自己的审美体验了。学生没有生活发现的意识,更缺少生活思考的自觉,普遍觉得生活没有东西可写,所以胡编乱造成风。甚至有的教师也认为学生生活太单调，没有什么东西可写。其根源是学生不能发现生活的"美"，更缺少审美体验。此外，有些教师则脱离了"语言建构与运用"进行"审美鉴赏与创造"，对作品所表现的形象美和情感美大讲特讲，而不是让学生在阅读中抓住语言文字去感受和体验。有些教师虽然具有"审美鉴赏与创造"的意识，但常常是贴个标签了事，比如欣赏诗歌，先讲什么是音乐美，再讲什么是结构美，最后讲情感美。其实，学生得到的是同一个结论。

总之，脱离了"语言建构与运用"的"审美鉴赏与创造"，空洞而虚无；脱离了"审美鉴赏与创造"的"语言建构与运用"，低俗而无趣。因此，我们要好好研究"语言建构与运用"和"审美鉴赏与创造"两者的融合，探索在语文教学过程中如何通过"语言建构与运用"使"审美鉴赏与创造"更好地得到落实，通过"审美鉴赏与创造"使"语言建构与运用"更加丰富而有品位。

四、"语言建构与运用"和"文化传承与理解"之间的共生

"语言建构与运用"和"文化传承与理解"之间是怎样的共生关系呢？我们的理解是："语言建构与运用"为"文化传承与理解"提供了依托，"文化传承与理解"使"语言建构与运用"更有厚度和广度。

文化是一个比较复杂的概念，所以人们对文化素养的理解差异甚大。一般认为，文化素养即文化素质，是指人们在文化方面所具有的较为稳定的内在品质，表明人们在这些知识及与之相适应的能力行为、情感等综合发展方面的质量、水平和个性特点。文化素质不只是学校教的科学技术方面的知识，更多的是指我们所接受的人文社科类知识，包括哲学、历史、文学、社会学等方面的知识。文化素养主要指这些知识通过语言或文字的表达体现出来、通过举手投足反映出来的综合气质或整体素质。更多的人认为，文化素养不仅指知识，还包括一个人的文化视野、文化眼光和文化意识。文化视野是指一个人对文化了解的广度和深度，文化眼光是指一个人评价文化优劣和进行文化取舍的能力，而文化意识是指对文化有无包容、尊重、珍惜、创造和享受的自觉。一般来说，文化素养越低，享受文化的能力也就越低。总

之，就一般意义而言，文化素养和人的语文素养几乎是无法分开的。课程标准指出：文化传承与理解是指学生在语文学习中，继承中华优秀传统文化，理解、借鉴不同民族和地区文化的能力，以及在语文学习过程中表现出来的文化视野、文化自觉的意识和文化自信的态度。很显然，课标的制定者所持的是后一种观点。对课标里的"文化视野""文化自觉""文化自信"以及"文化传承与理解"等概念，自然有待课标组专家进行专业而权威的诠释，但我们以为，简单明了地说，就是在语文教学中培养学生的文化素养。

"语文是文化的一部分"的说法一出现，语文和文化的紧密联系似乎就引起了人们的特别关注。无论是在理论上还是教学实践中，都有不少人在竭力强调和突出语文和文化的紧密联系。但不得不说，这常常是将文化和语文强拉硬扯到一起。比较普遍的做法是，在教学过程中专门安排一个或几个非常具有"文化味"的教学活动。如教学鲁迅的《拿来主义》，就安排一个活动让学生讨论我们应该如何对待外来文化和传统文化；教学汪曾祺的《胡同文化》，就安排一个活动让学生讨论如何看待传统文化的消逝。也有的是强拉一个文化概念来给文本或者课堂贴标签。比如，教学孙犁的《荷花淀》，就拉来"和谐文化"解读小说；教学《兰亭集序》，则先是大谈书法文化，然后引经据典谈古今名人的生死观。另外，中西文化的互相拉扯也是一种时髦的做法。比如，教学《我与地坛》，就要先把中国人的生死观述说一遍，然后再列举西方人的种种生死观进行比较。现在，课堂上的一种流行做法就是动不动给出一连串古今中外名人语录，看上去非常有文化，也非常有学问，但到底有多少学生明白，它和文本理解或者写作到底有多大关系，对学生学习有多大帮助，真的不太清楚。

表面上看，文化色彩很强烈，而实质上却缺少基本的文化意味。有的老师教学《渔父》这篇课文，讲解"沧浪之水清兮，可以濯吾缨；沧浪之水浊兮，可以濯吾足"时，得出的结论居然是热爱山水，热爱自然。还有的老师在引导学生抓住"举世皆浊我独清，众人皆醉我独醒，是以见放"这个句子中的"众人"和"我"两个词，讨论对比手法的运用时，最后的结论是："当时的人民群众是麻木不仁的，而作者'哀其不幸，怒其不争'，通过对比表现了屈原以天下为己任的强烈责任感，和要唤醒盲目民众的愿望。"这个结论有多少合理的成分，我们姑且不论。但这里的"众人"是"人民群众"吗？这里真的是将屈原和民众作对比吗?稍有一点文化的人就会知道,这是不可能的。屈原所在的年代,恐怕还不会有人要求人民群众也能"先天下之忧而忧"。那时候"唯上智与下愚不移"的思想还是主流意识,人们只是要求"士大夫"应该以天下为己任。这里毫无疑问是将屈原和其他随波逐流的士大夫进行对比。教学《逍遥游》,竟然有的老师能从"北冥有鱼,其名曰鲲。鲲之大,不知其几千里也;化而为鸟,其名为鹏。鹏之背,不知其几千里也;怒而飞,其翼若垂天之云。是鸟也,海运则将徙于南冥"这一段中引发出以下几个结论对学生进行励志教育:(1)人要有远大理想。(2)要实现远大理想,就要有强大的实力。(3)强大的实力来自不断地蜕变和自我升华。这是庄子的思想吗?这是《逍遥游》的主题吗?如此等等,可以说是文本理解肤浅庸俗的问题,其实也是文化缺失的问题。至于将古与今、中与外进行简单对比,得出古人比今人好、外国比中国好的结论,更是常见的现象。

因此,要真正实现"语言建构与运用"和"文化传承与理解"的融合,首先要提高教师的文化素养。教师要有一定的文化视野和文化自觉,具备文化自信和文化包容,然后努力在语文教学中使"语言建构与运用"和"文化传承与理解"相融共生,将"文化传承与理解"融于"语言建构与运用"之中,依托"语言建构与运用"体现"文化传承与理解",借助"文化传承与理解"使"语言建构与运用"更有厚度和广度。

案例 1

《心田上的百合花开》

师：同学们，我们今天来一起读一篇优美的文字——当然，黄老师觉得优美，同学们不一定觉得优美。你们读过以后觉得优美吗？

生：优美——

师：下面我想请一位同学，选一小段你觉得最优美的文字，通过朗读体现它的优美，有没有哪位同学主动的？好，这位男同学。你读哪一小段？

生：我想读最后一段。

师：最后一段，好的，大家看看他读得是不是优美。

生：（读）"我们要全心全意默默地开花，以花来证明自己的存在。"

师：好的，旁边的同学说说，他读得优美不优美？

生：我觉得还可以。

师：你觉得还可以更优美，是这个意思吧？那你来读，读得比他更优美。

生：（读）"我们要全心全意默默地开花，以花来证明自己的存在。"

师：好的，有没有哪位同学能读得比他们两个更优美一点。这位（男）同学，你也读这一段，你能不能读得比他们更优美一点？

生：我觉得可以。

师：好的，读。

生：（读）"我们要全心全意默默地开花，以花来证明自己的存在。"

师：嗯。大家觉得他读得优美不优美？

生：很优美。

师：很优美——我不知道你们说的是真话还是假话？我觉得他读得很慷慨、很激昂——读文章是不是用劲儿就读得好？这是要慢慢体会的。我本来没有勇气跟你们比，可三位同学的表现激发了我的斗志。大家做公平的评委，看和他们比黄老师读得怎么样，好不好？

师：（读）"我们要全心全意默默地开花，以花来证明自己的存在。"

师：谁读得优美？

生：老师——

师：这样的事情应该发生吗？不应该啊，怎么能容忍一个60岁的爷爷比13岁的学生读得更优美呢。这是个值得思考的问题。同学们回去要再好好读读。读文章要用心去体会。这篇文章文字的优美还是比较好体会的，更深层、更内在的是它有一个优美的故事和真挚的情感。大家现在能不能脱口而出告诉黄老师，这篇文章写的是谁的故事？

生：百合花——

师：对，百合花。写故事——就要有事，写了百合花的什么事？

生：开花。

（师板书： 百合花　　开　　　花）

师：非常好。别人要问你们，林清玄的散文《心田上的百合花开》写的是什么内容？你们就可以告诉他写的是"百合花开花"的故事。但是要读出这个故事的优美，并不容易。现在，同学们要完成一个任务，其实聪明的孩子已经知道黄老师要让你们完成什么任务了。知道让你们干什么吗？

生：在黑板上的"百合花"前面写出它的形容词。

师：对，在这三个空白处填上适当的内容。当然，同学们自己去看（课文）也可以，有没有哪位同学愿意读一读全文，而且尽可能读得很优美。有没有？好，这位女同学。我们在听她优美地朗读的时候，用心想一想，文章中哪些词语分别适宜放在这三个地方。（指着板书）拿起笔，需要的时候就圈圈画画，然后再思考一下。请这位同学朗读课文。

（女生诵读课文）

师：同学们，她读得优美不优美啊？

生：优美。

师：优美，你们应该怎么做呢？（生鼓掌）不对，这不是黄老师所希望的，我不喜欢课堂里拍来拍去的。当你们听到一个人歌唱得特别好的时候，对他最大的尊重就是跟着他轻轻地唱。如果你们认为哪一个人文章读得特别好，就跟着他轻轻地读。

我们不要忘了刚才的读书任务，她读书我们干什么呢？（生：找词语）对，找适当的词语填空。你们觉得前面这个空白处可以填哪个词语？大声地说吧，不一定要举手。

生：（合）小小的。

师：小小的，非常好，小小的百合花。还有吗？

生：（合）纯洁的。

师：纯洁的百合花。非常好。还有吗？

生：洁白的。

师：洁白的、纯洁的，差不多的我就不写了……洁白的和纯洁的，有没有不一样？

生：（不一样……）

师：有说不一样的，有什么不一样啊？

生："纯洁的"是一个形容词，更多的是用于形容人内心的一种感受；而"洁白的"也是形容词，更多地用于形容一种事物的颜色。

师：对，我差点忽略了。她纠正、补充了我。"纯洁的"是指内在的品质，"洁白的"是指颜色，非常好。其他同学还有想法吗？

生：秀挺的百合花。

师：秀挺的，课本上有根据吗？

生：有。

师：哪一段。

生：（读）"她那洁白的颜色和秀挺的风姿。"

师：噢，秀挺的风姿，她把它省略了一些，秀挺的风姿（板书）。前面都是说的花，这个说的是身材，花的身材。其他同学还有吗？

生：我认为是断崖上的百合花。

师：断崖上的百合花，我认为也很好。我们的眼光可以放远一点，比如到生活中去寻找（板书：断崖上的百合花）。其他同学还有没有？（指一同学）你还有什么新的发现？

生：惟一的百合花。

师：惟一的百合花，非常好。不许说重复的。这个惟是什么旁的惟（唯）？口字旁还是竖心旁？（生：口字旁）噢，我们以前的写法一般是竖心旁。我没注意到课文是哪一个。还有吗？

生：挺着胸膛的百合花。

师：挺着胸膛。挺胸的。你呢？

生：我觉得是被人嘲笑的百合花。

师：被人嘲笑的百合花，挺好。被人嘲笑的，还是挺着胸膛的（边说边板书），黄老师的字你们认识吗？（众笑）

生：差不多。

师：差不多，跟着黄老师的思维你们就认识了，不认识是由于你们没跟着我的思维。（指黑板）这个地方填什么内容呢？是在什么情况下开花的呢？在努力下，在自己的努力下（板书），非常好。还有吗？

生：在杂草鸟雀的鄙夷下。

师：在杂草鸟雀的鄙夷下，你认为呢？（指一女生）

生：在艰苦的环境下。

师：在艰苦的环境下。好的。在她的努力下，在艰苦的环境下。我们一般不说在艰苦的环境下，而是说在艰苦的环境中。还有，是在杂草蜂蝶的鄙夷下，蜂蝶杂草鄙夷的鄙怎么写？我想不起来了，怎么写？先写什么，口，然后呢，十，是十吗，有点像啊，下面呢，回，右边呢，耳朵。这个夷也不好写，一大横，一横一折一横，再一竖一横一折钩。我经常写错。杂草鄙夷，还有谁鄙夷？蜂蝶鄙夷，它们除了鄙夷她，还怎样对她呢？对，还嘲笑她（板书）。

师：好，在这样的环境中百合开花了，开出了什么样的花？

生：最美的。

师：嗯，开出了最美的花。除了最美的，还能填什么呢？

生：（合）纯洁的。

师：纯洁的。还有吗？

生：芬芳的。

师：嗯。老师现在对你们有点失望。这个同学好像跟其他人说的不一样。开出了什么样的花？（指一生）

生：到处都开满了花。

师：对，开出了到处都是的一片一片的花，第一处开完了以后大家一起开，然后到处都开，对不对？

师：好，黑板上的内容太多太杂了，现在请你们从这三个格里选一个你们认为最好的词，然后组成一句话，用这句话来概括这篇文章。比如黄老师的：洁白的百合花在努力下开出了纯洁的花。好不好？

生：不大好。

师：不大好。那你们说一个"大好"的。

生：我觉得应该是小小的百合花在鄙夷下开出了一片一片的花，通过"小小的"和"一片一片"的这两个词形成前后对比。

师：小小的百合花在别人的鄙夷、嘲笑下开出了一片一片的花。认同这个概括的请举手。（绝大多数同学举手）

生：我认为应该是断崖上的百合花在努力下开出了芬芳的花。

师：啊，断崖下的百合花在自己的不懈努力下开出了芬芳的花。好的。赞同这个的请举手。有没有？（前一位同学举手）咦，你也赞同他的了？你认为他的比你的好吗？

生：没有啊！因为我觉得一个人不一定只赞同一个，他的也很好。我喜欢博学众长。

师：博学众长，嗯，你个子不大，但胸怀很大。一个人自己好了，还能容得下别人的好，这个人一定了不起。

师：有的同学提出问题：这些蜂、鸟、蝶、杂草，为什么要嘲笑百合花呢？我们先来看看它们是怎么嘲笑她的？大家看看"嘲笑"的内容在课文的第几段？

这几段都是对话，对话是最难读的。现在有哪位同学来读一读？来，你先来读第一段。

生："这家伙明明是一株草，偏偏说自己是一株花，还真以为自己是一株花，我看它顶上结的不是花苞，而是头脑长瘤了。"

师：好，请坐。大家觉得她读得像不像"嘲笑"呀？

生：像。

师：你们平时有没有这么说过话？

生：好像没有。

师：好像没有，你怎么会体会得这么好呢？第二位男同学你读第二段，看能不能读出"讽刺"来。

生："在这断崖边上，纵然开出世界上最美的花，也不会有人来欣赏呀！"

师：他有没有读出"嘲笑"呢？不大明显。

师：来，你把"嘲笑"的口气读得比他明显一点。（指另一生）

生："在这断崖边上，纵然开出世界上最美的花，也不会有人来欣赏呀！"

师：好，请坐。他们两人读的应该说各有特点，但是区别不太明显。这个地方黄老师有一个疑问，最后这个"呀"是读得重一点好还是轻一点好？他们两个读的我觉得都比较轻。下面听黄老师读。

师："在这断崖边上，纵然开出世界上最美的花，也不会有人来欣赏呀！"

师：我是重读还是轻读？

生：重读。

师：重读好还是轻读好？哪个更能表现"嘲笑"？

生：重读好。

师：为什么重读好呢？难道因为是老师读的？

生：笑。

师：还真对呢！这个逻辑成立吗？老师读的就好？不对，有哪位同学能找到根据呢，为什么这个"呀"重读好？这位女同学来说一下。

生：这个"呀"拖长声调，有一种鄙夷的感觉。

师：拖长了，鄙夷的感觉更明显。其他同学还有理由吗？好的，中间的两位女同学都有理由了。你找的是什么理由呢？（指其中一位）

生：我认为这句话的标点符号是感叹号，如果轻读的话，感叹号的价值就体现不出来。

师：好啊，都很有道理。

师：公开场合下蜂蝶们就开始讥讽，哪位同学读读这个"讥讽"的句子？

生："你不要做梦了，即使你真的会开花，在这荒郊野外，你的价值还不是跟我们一样？"

师：咦，他这个"一样"又轻下去了。"一样"应该轻读还是重读？下面我们一起来读。

请注意，凡是叙述性的话，黄老师读；凡是嘲讽的话，你们读。但我不喊"1、2"，你们自己体会，我的语气结束了，你们就赶快接上来。

师："百合心里很高兴，附近的杂草却都不屑，它们在私底下嘲笑着百合——"

生：（合）"这家伙明明是一株草，偏偏说自己是一株花，还真以为自己是一株花，我看它顶上结的不是花苞，而是头脑长瘤了。"

师："公开场合，它们则讥讽百合——"

生：（合）"你不要做梦了，即使你真的会开花，在这荒郊野外，你的价值还不是跟我们一样？"

师：（坏笑几声，拖长笑声）"偶尔也有飞过的蜂蝶鸟雀，它们也会劝百合花不用那么努力开花——"

生：（合）"在这断崖边上，纵然开出世界上最美的花，也不会有人来欣赏呀！"

师：哦，你们没注意我刚才的坏笑，我觉得你们两次读得不一样，前面的"一样"读得是重的，后面的"一样"读得轻一点。我觉得都有道理。可能读得重一点，外在情绪更强烈；读得轻一点，内在的不屑表现得更好。但我还有另外一个问题，你们觉得蜂蝶鸟雀和杂草对百合花的态度是一样的吗？

生：不一样。

师：有什么不一样呢？

生：我觉得杂草更加带有嘲笑的口气，蜂蝶却是比较不屑，是劝她的。

师：哦，杂草嘲笑、鄙夷的色彩更强一点，是这样的吧？蜂蝶鸟雀呢，也有点嘲笑，但是可能鄙夷的色彩更强一点，还加一点劝告。是这个意思吧？其他同学有不同的理解吗？这位同学，你有什么新的理解？

生：我觉得杂草也有嘲笑的意味，但是更多的还是出于嫉妒，还有一种自卑的情绪。

师：哦，内在的嫉妒比较强一点。课前有同学提出问题：杂草为什么要嘲笑她呢？嘲笑大多数是出于嫉妒。是吧？那么，鸟雀呢，嫉妒的成分少一点？

生：是的，我觉得它们更多的是一种不屑，因为蜂蝶鸟雀本身就是大自然中自由自在、更加灵动一些的生命，它们本身就拥有一种美丽的成分。也就是说，它们当时在没有看到开花的百合之前，只把百合看作比自己等级低一些的一种物种。

师：哦，你的意思我明白了，就是嘲笑人的人往往都是觉得自己不如别人美丽的人。是这个意思吧？嗯，非常好，挺有深度的。应该说，两者有相同的地方，也有细微的不同。杂草长在百合身边，看到百合开花，心里挺复杂的，嘲笑、鄙夷；鸟雀呢，劝过，也有不屑，但百合花还是开出了一片一片洁白的花。我觉得，读这篇文章必须思考一个问题：在这样的自然环境中，百合为什么能开出这么美丽的花？这位同学，你认为是什么原因呢？

生：我认为是因为她内心有坚定的信念。

师：从哪里看出来的？哪个句子告诉我们她有坚定的信念？

生："百合说，我要开花，是因为我知道自己有美丽的花；我要开花，是为了完成作为一株花的庄严使命；我要开花，是由于自己喜欢以花来证明自己的存在。不管有没有人欣赏，不管你们怎么看我，我都要开花！"

师：嗯，百合用了哪些修辞方法表达她的信念呢？

生：排比。

师：百合用了排比、反复的修辞方法表达她坚定的信念，对不对？

生：对。

师：好的，文中还有一个句子也能表达她的信念，大家有没有关注到？好的，这位女同学，还有哪个句子能看出百合的信念？

生："我是一株百合，不是一株草。唯一能证明我是百合的方法，就是开出美丽的花朵。"

师：嗯，她接下去就说有了这个念头，对吧？这个念头是什么呢？这个念头就是信念，为什么说这个念头是一个"纯洁"的念头呢？

生：我认为这个念头就是单纯地为了证明自己是百合而开出美丽的花朵。

师：就是没有其他想法，就是要开花，是吧？

生：对，不是比较功利的，也不是为了让别人来欣赏才开花的。

师：啊，单纯的念头，所以叫纯洁的念头。"我"要开花，就是要开花。还有没有补充的？

生：我认为这株百合对自己的生命有一种至高无上的理解，这也能体现出这是一个圣洁的念头，就是"我"要开花来完成这个庄严的使命。

师：说得真好，从生命的角度讲，这是一个圣洁的念头。人生活在俗世之中，有时候还是要有一点圣洁的念头的。那么，除了有坚定的信念、圣洁的念头，还有什么原因呢？

生：它要履行自己作为一朵花的庄严使命。

师：嗯，使命感、信念，还有其他原因吗？

生：我认为她还有一种执着的追求。

师：好的，这位同学你认为还有什么主要原因？

生：我觉得她还付出了很多努力。

师：从哪里看出来的？

生：首先，第四段中"终于在一个春天的清晨"，"终于"说明她前面已经付出了不少努力才结出花苞。其次，第六段中那些蜂蝶鸟雀劝她不用那么努力开花，也从侧面写出了她的努力。

师：大家注意，这位同学非常会读书。蜂蝶鸟雀劝她不用那么努力开花，这就告诉我们她非常——

生：努力。

师：她终于开花了，说明开花经历了一个艰难的努力的过程，对吧？这位同学找出了我们看不到的，我们容易看到的，他倒是没有找到。哪些句子直接写出了百合花的努力？

生：第三段，"有了这个念头，百合努力地吸收水分和阳光，深深地扎根，直立地挺着胸膛"。

师：吸收水分和阳光，这是一种努力。如果你们将来要开花的话，现在应该做什么？应该吸收水分和阳光。——你举手是有一个新的想法呢，还是要点评一下他的想法？

生：我觉得他……

师：他说得有没有道理？

生：我感觉他说得不太对，正是因为有杂草和蜂蝶鸟雀的鄙夷与嘲笑，百合才会更加激励自己，即要证明自己能开出美丽的花朵。而且，她没有受到它们的讥讽的影响，而是更加努力地吸收。

师：你说了很多，能用最简单的话说出来吗？

生：就是她不会被它们的嘲讽影响。

师：反过来，它把鄙夷变成什么？

生：能量。

师：嗯，能量，正能量，变成动力。同学们，在鄙夷、嘲笑和打击面前，人会有两种表现。一种是什么？屈服。还有一种是什么？把胸膛挺得更——更直。百合花把鄙夷变成了动力，所以开花了。你嘲笑吧，你鄙夷吧，你不屑吧，我们开出一片一片的花来，对不对？当百合开出一片一片洁白芬芳的最美的花以后，杂草们还嘲笑她们吗？

生：（齐）不嘲笑了。

师：课文里有没有根据？

生：（齐）有！

师：在第几段啊？

生：第九段。

师：为什么不敢了？找到这个句子太容易了。

生：因为它们看到百合开花了。

师：用事实来证明了，对不对？

生：对。

师：对付嘲笑和鄙夷，最好的办法是什么？

生：是事实。

师：哎，还有其他原因吗？

生：也许它们自己有点后悔当初没有非常努力。

师：后悔不努力？后悔不努力，就不去嘲笑别人了？还应该和百合有点联系。

生：还有一点愧疚。

师：有一点愧疚，有些道理。好的，这位同学呢？

生：我觉得杂草一开始心里可能有点……

师：嫉妒啊，看不过。

生：是的，但是后来看到她开花了，就有点像小人看到一个特别厉害的人一样。

师：害怕了？

生：对，有点害怕。

师：好，这位同学说得很简要，后面的同学也要简要，不许一大段一大段地说。你呢？你认为是什么原因？

生：我认为杂草被这朵花征服了。

师：征服了，非常好！

生：我认为它们觉得百合花也挺可敬的。

师：可敬的，也就是被征服了。好的，你认为呢？

生：我认为它们首先可能并没有……

师：你不要分析那么多，你认为是什么原因？

生：我认为杂草现在再怎么说都没有用了，因为百合已经开花了。

师：因为事实证明了，对吧？这位同学举手是什么意思？

生：我觉得是杂草为自己无法开出美丽的花朵而感到悲哀。

师：哦，为自己悲哀了，很好。

（生小声讨论）

师：好，你声音大一点。

生：杂草说它不敢嘲笑，但没有说它不嘲笑。

师：注意，不敢嘲笑不等于不想嘲笑。其实，我也想提出这个问题。如果我是一棵杂草、一只鸟雀，要嘲笑你们，如果你们是百合，会怎么来回答我？

假如我说："你不要做梦了，即使你真的会开花，在这荒郊野外，你的价值还不是跟我们一样？"——小百合们，你们怎么回答我？

生：我要开花，是因为我知道自己有美丽的花；我要开花，是为了完成作为一株花的庄严使命；我要开花，是由于自己喜欢以花来证明自己的存在。不管有没有人欣赏，不管你们怎么看我，我都要开花！

师：很好。用课文的内容回答。还有不同的回答吗？

生：我们开花是为了证明自己的存在，证明自己的价值，你们也应该努力地开花来证明自己。

师：你看，这位同学把书读到心里去了，其他同学有没有不同回答的？

她说我们开花不是要跟你们不一样，我们就是要证明自己的存在。如果我嘲笑了，你怎么回答？

生：不管有没有人欣赏，不管你们理解不理解，我都要开花。

师：是的，其他同学还有没有不同回答的？你怎么回答？

生：如果我是一株百合——

师：不，不是如果，你就是一株百合。

生：我觉得我应该是默默无闻的，因为原文中有："年年春天，百合努力地开花，结籽。它的种子随着风，落在山谷、草原和悬崖边上，到处都开满洁白的百合花。"我认为面对嘲笑，我会默默无闻，然后努力地开花。

师：我现在不要你开花，你会怎么回答我？

生：我的回答应该是沉默的。

师：你的回答是沉默的，沉默也是一种回答。有道理。那这位同学，你怎么回答？

生：我会回答"我完成了自己生命的意义，和你又有什么关系呢？"

师：还有同学要回答，不着急，有表达愿望的请回答第二个问题。我现在是蜂蝶，是鸟雀。一个姓黄的鸟雀说："你纵然是断崖上最美丽的百合花，也不会有人来欣赏？"你怎么回答？

生：开花是我作为一朵百合花的庄严使命，我要完成这个使命来证明自己的存在。

师：嗯，这是一个角度。我们开花要不要别人欣赏啊？不要。我们是不是为了让别人欣赏而开花？不是。还有没有人要回答？答案不要重复。你能不能换一个角度？

生：我开花是为了自己欣赏，只要我开心就好。

师：和刚刚的同学差不多。有没有新的角度了？

生：我会回答，不管有没有人来欣赏我，我还是要开花，因为我这一生已经为此刻付出了努力。

师：哦，付出了就要开花。那你呢，你怎么说？

生：我现在开花没有人来欣赏，但以后说不定会有一个人来到这里，看到我的美丽，一传十，十传百，会有更多的人来欣赏。

师：说不定将来有一个人来了，会有更多的人来。是"说不定"吗？——不是，肯定会有人来的！同学们一起把这一小节读一遍。"几十年以后……"，1、2。

生：(齐读)"几十年后，远在百里外的人，从城市，从乡村，千里迢迢赶来欣赏百合开花。许多孩童蹲下来，闻嗅百合花的芬芳；无数的人看到这从未见过的美，感动得流下了眼泪，触动内心那纯洁的一角。"

师：嗯，有没有人来欣赏啊？很多人来了。应该这么说：黄鸟雀，你睁开眼看一看，无数的人从乡村来了，从城里来了，千里迢迢地来欣赏我们百合。你看那个孩子蹲下来，闻嗅着我的芬芳。你们怎么跑到课本外面去了，这个习惯不好。

下面是第三个问题："小百合们，你们不就是开了一朵花吗，有什么了不起的，谁还不能开一朵花？"你们怎么回答？

生：黄鸟雀，你刚刚说很多事物都能开花，但你就不能开花。

师：大家觉得这个回答好不好？

生：不好。

师：不好，孩子们，我们和杂草相伴而生，不要像敌人一样，不要自己开了花就嘲讽黄鸟雀，我们应该胸怀广大，那应该怎么说？"黄鸟雀，你也和我们一起开出你的花来吧。我们一起开花，让自然更美好。"

第四个问题："虽然你们开出花来了，虽然有那么多人来看你们开花，可是我感觉你们开出的花没什么可看的。没有梨花那么白，也没有桃花那么红，更比不过牡丹富贵，有什么可欣赏的啊？"你们怎么回答？

生：我不需要和别人比较，我就是我。

师：对啊，我开花就是要和别人比吗？不是。其他的同学，有没有不同的回答？

生：我有洁白的颜色和秀挺的风姿，在这个断崖上，我是最美丽的风景。

师：非常好。但我还是要提醒大家看课文的第10段、第12段，很多同学都问这两句怎么理解。

(师范读)百合花一朵朵地盛开着，花上每天都有晶莹的水珠，野草们以为那是昨夜的露水，只有百合自己知道，那是极深沉的欢喜所结的泪滴。

许多孩童蹲下来，闻嗅百合花的芬芳；无数的人看到这从未见过的美，感动得流下了眼泪。

那么，大家知道什么叫作"从未见过的美"吗？是不是桃红李白？是不是像牡丹？都不是。是看不见的内在的美。

要下课了，但是我忽然发现漏了一个问题，漏了什么？

生：漏了题目。

师：我为什么不写题目呢？因为这篇文章在很多语文教材版本中，题目都不一样。有的教材是"心田上的百合花开"；有的教材上没有"开"，就叫"心田上的百合花"；有的教材没有"心田上"，只是"百合花开"。

我们来讨论一下，要不要"开"？（生：要）为什么？因为文章主要就是写它开花。那要不要"心田上"？（生：要）要，因为它最美的是触动了人的内心，最美的花都是开在心田上的而不是外在的，只有心田上开花的人，才能开出最美的花。这其中的含义很丰富。

古人说，"读其书想见其为人"，也就是说，读一个人的文章，可以知道作者是什么样的人。你们读了这篇文章，能猜得出林清玄是一个什么样的人吗？

生：心清，而且他的文字特别玄。

师：有点道理。我问的是，他是一个什么样的人？

生：我觉得他是一个心清如水、不被世俗迷惑的人。

师：不为世俗所困扰的人。你还有没有想法？

生：我觉得他可能是一个历经了磨难的人。

师：嗯，历经了磨难，开出生命之花的人。下面，我们来看看他是什么样的人。（出示照片）林清玄从小读书，天赋极高，但成绩一般，除了作文好，其他并无长处。考大学连续几年考不上，复习了两三年只考了个大专。但是，他有坚定的信念，后来成为一个非常有影响力的作家。据他告诉我，当年他被评为台湾地区"十大杰出人物"的时候，他后面是马英九。现在，大家再说说，你觉得林清玄是一个什么样的人？

生：是历经坎坷最后非常有影响力的一个人。

生：我觉得他是一个百折不屈的人。

师：有没有同学能联系课文内容说说？

生：我觉得他是一个和文中的百合一样的人。

师：对，这是一个和百合一样的人，是一个心中有百合的人，是一个心田上开出了一片片花的人。你们看，这篇文章写得多优美啊。大家一定要记住，优美的文字是开在心田上的百合花。大家要不要开花？（生：要）课文中的哪句话能表达我们要开花的心声？（生：最后一段）大家一起把最后一段读一读吧。

生：（齐）"我们要全心全意默默地开花，以花来证明自己的存在。"

师：你们要开花，我也要开花。是的，让我们的心田开出美丽的百合花，让我们的生命开出美丽的百合花，让我们的生活开出美丽的百合花。

好，下课。

第二章

让课堂具有生长力
——共生教学的课堂特征

共生课堂就是催生满园花开
——共生教学的核心主张

语文共生教学的核心主张有如下三个。

主张之一：用阅读教阅读，用写作教写作。

语文共生教学，不是用阅读的结论教阅读，不是用阅读知识教阅读，不是用阅读的技巧教阅读，不是依靠做练习教阅读；不是用写作知识教写作，不是用写作技巧教写作，不是用作文的标准教写作，不是用优秀作文教写作。语文共生教学是用阅读教阅读，用写作教写作。

用阅读教阅读，教师必须先阅读，要读出自己的感受，读出自己的体验，读出自己的思考，读出自己的发现。用自己的阅读引领学生的阅读，用自己的阅读感受引发学生的阅读兴趣，用自己的阅读体验激活学生的体验，用自己的阅读思考激发学生的思考，用自己的发现引导学生的发现。

用写作教写作，教师必须懂写作，必须亲历写作过程，必须有自己的写作体验，必须站在学生写的角度组织作文教学。用自己的写作引领学生的写作，用自己的感受引发学生的写作兴趣，用自己的写作体验激活学生的写作体验，用自己的写作经验引导学生的写作过程。

主张之二：在阅读中教阅读，在写作中教写作。

我们一直以为，结论化教学是语文教学最普遍也是最严重的一个问题，这是语文教学低效率的主要原因。语文共生教学就是针对语文教学的结论化和过程缺失，在丰富的课堂实践和大量案例研究的基础上，运用共生理论总结提出的教学方法。所谓结论化教学，就是教学过程以结论为中心，把结论作为教学的主要内容，以学生掌握结论作为教学的主要目的，或者是直接将现成的结论传递给学生，学生的学习过程就是被动接受现成的结论，或者整个教学过程就是为了推导、印证一个既定的结论。

结论化写作教学的常见表现，就是教师出题目、学生写作文的反复循环。学生就是反复写，教师就是反复打分数，写评语。所谓写评语，常常就是给学生的作文贴一个结论性的标签，评价学生的作文好还是不好，好在哪里，不好在哪里。结论性的作文指导课，就是讲写作知识，讲写作技巧，讲高考、中考的评分标准，就是告诉学生什么样的作文是好作文，什么样的作文能得多少分。从某种意义上说，这种以结论为中心的写作教学，其实既没有"教"也没有"学"；即使有"教"有"学"，"教"和"学"也是脱节的，教师的"教"并不能对学生的写作发挥作用。

在结论化写作教学中，写作课上没有写作，教师没有写，学生也没有写。我们常常看到写作教学课上，要么是以读为主，读名家作品，读学生优秀作文，读中高考的满分作文；要么是以讲为主，讲写作的道理，讲写作知识，讲写作方法，讲写作技巧，讲评分标准。而共生写作教学的核心主张是，用写作教写作，在写作中教写作，大家一起学写作。在写的过程中，学习写作知识，感悟写作规律，掌握写作方法。更重要的是，共生写作教学的写作过程，是互相唤醒、互相引领、互相促进的。教师用自己的写作体验唤醒、引领、激励学生的写作，学生也用自己的写作体验互相唤醒、互相引领、互相促进。

共生教学特别重视教学过程和教学现场的教学价值与学习价值，让学生互相激发阅读的感受、阅读的思考，互相激活写作的体验、写作的思路；让学生在阅读中形成阅读体验，掌握阅读方法，形成阅读经验，培养阅读能力；让学生在写作中获得写作体验，掌握写作方法，形成写作经验，培养写作能力。

主张之三：大家一起学阅读，大家一起学写作。

传统的阅读和写作都是个人化的，相对封闭。而共生教学开放了个体的学习空间，把个人化的阅读和写作行为集体化，它充分发挥了教学现场的作用，利用教学情境激发学生参与阅读和写作的兴趣，优化学习过程中的同伴关系，互相带动，互相引领，互相促进，互相提高。

美国学者、著名学习专家爱德加·戴尔（Edgar Dale）提出的金字塔学习理论，用数字形式形象地显示了采用不同学习方式的学习效果。这个理论认为：在塔尖，第一种学习方式——"听讲"，也就是教师在上面说，学生在下面听，这种我们最熟悉、最常用的方式，学习效果却是最低的，两周以后学习的内容只能留下5%。第二种，通过"阅读"方式学到的内容，可以保留10%。第三种，用"声音、图片"的方式学习，可以达到20%。第四种是"示范"，采用这种学习方式，可以记住30%。第五种是"小组讨论"，可以记住50%的内容。第六种是"做中学"或"实际演练"，可以达到75%。最后一种是在金字塔基座位置的学习方式，是"教别人"或者"马上应用"，可以记住90%的学习内容。爱德加·戴尔提出，学习效果在30%以下的几种传统方式，都是个人学习或被动学习；而学习效果在50%以上的，都是团队学习、主动学习和参与式学习。语文共生教学就是一种以交流、讨论、活动为基本形式的团队学习、主动学习和参与式学习。

著名心理学家勒温（Kurt Lewin）将物理学科中"场"的概念引入教学过程，提出了"学习场"这一概念。他认为，"学习场"既是一种学习环境，也是一种学习系统，是指所有事件交织在一起相互作用、相互影响的具有内在统一性的整体；它是这个整体中的所有人、所有事物发挥作用的关系场，是一种刺激、促进学生学习活动的包括物理环境和心理环境在内的充满生机与活力的"学习环境"。"学习场"的构建，教师不再立足于教学系统之外，而是系统中的一分子，作用于学生的学习，积极地参与学生新的学习经验的产生；每个学生也不再是孤立的学习个体，而是相互作用的整体中的一部分，也是学习环境的一部分。语文共生教学，就是充分利用具体的学习场景、和谐的学习氛围和协调的学习环境的教学意义与学习价值，发挥"交织在一起相互作用、相互影响的具有内在统一性的整体"的作用，刺激、促进学生的学习活动。学生不再是孤立的、被动的，而是在一种合作的、开放的、主动的、活跃的气氛中学习语文。

共生课堂是棵成长的树
——树式共生课堂结构

传统的课堂结构,常常是指教学的流程安排和时间分配。新的课堂结构观,更多的是指课堂教学内容的组成和生成的机制。它不仅指纵横的板块之间的关系,也包括横向内容之间的关系;它不是一个线性的结构,也不是一个平面的结构,甚至不是一个三维的立体结构,而是一个多维的时间和空间组成。语文共生教学法的课堂结构,可以描述为"树式共生课堂结构",简单说就是树式结构。

什么是"树式共生课堂结构"呢?我们概括为:"一个点,一条线,分层推进,多点共生。"如果用一个比喻说明,就是精选一粒种子,长成一根主干,伸开根根青枝,萌发片片绿叶。这粒种子,我们称为共生原点。

共生原点既是共生教学展开的出发点,又是教学过程展开的支点,还是教学活动的激发点。它和教学内容等都有紧密的联系,但又不是一回事。打个比方,共生原点就像种子,既是树种,又是火种,它应该能长成一棵大树,应该能燃烧成一片大火。而一般意义上的教学内容,不具备这样的功能。也可以说,只要赋予了教学内容生长性,它就具有了共生原点的特征。所谓生长性,就是它能够激发学生的学习兴趣,引发学生的语文学习活动,激活学生的思维,推进教学过程。所以,共生原点并不是一个客观的存在形式,而是教者赋予了它共生原点的特性和意义。

阅读教学的共生原点非常丰富,可以是课文里的一个具体内容,比如教学《孔乙己》，就以小说对孔乙己手的描写为共生原点；可以是和文章紧密联系的一个知识点，教《阿房宫赋》，就以"赋"为共生原点，抓住"铺采摛文""体物写志"展开教学；可以是文章的写作特点，教学《葡萄月令》，我就是以说明文的内容、散文的意境和诗一样的语言作为教学的共生点；也可以是和文章相关的一些资源，我教学《谏太宗十思疏》就是以不同教材的不同版本作为共生点。

作文教学的共生原点同样也很丰富。它可以是一则材料，如教学"一则材料的多种运用"，共生原点就是一个发生在某人身上的故事；可以是一篇比较成熟的习作，如教学"记叙文故事的展开"，共生原点就是一篇"满分"作文；可以是一篇并不成熟的习作半成品，如教学"用'感激'唤醒'感动'"，共生原点就是一个初步的写作构思；还可以是一篇有问题的习作，我教学"一篇作文的评讲课"，共生原点就是一位同学的习作《风》；可以是名家有影响的作品，我教学"抓住特别之处写背后的故事"，共生原点就是鲍吉尔·原野的《雪地贺卡》。一个作文题目可以作为共生原点，一个话题也可以作为共生原点，一滴雨、一片树叶都可以作为作文教学的共生原点。

一节课的教学可以有一个共生原点，也可以有两个共生原点，甚至多个共生原点。我教学《我们家的男子汉》时，就是以文章的小标题和作者要赞美的男子汉精神为两个共生原点。一节课的教学，除了要确定它的共生原点，还要善于确定每个主要教学活动的共生原点。比如，我教学《阿房宫赋》，压缩课文填空、重写结尾和原文比较等，都是建立在课文教学共生原点基础上的活动原点。

共生原点的选择，具有很强的丰富性和开放性。无论是阅读还是写作，每个教学内容都会具有许多不同的共生原点，这为不同的教学形态和教学风格提供了极大的选择空间。对同一个教学内容，不同的教师会发现不同的共生原点；同一个教师教学同一教学内容，也能发现不同的共生原点。

"一根主干"，首先就是教学的主体过程，就是由共生原点生长出去、伸发出去的一条教学主线，就是围绕具体教学内容的教学活动的科学组合。所谓科学组合，就是强调每一个教学活动的教学价值和学习价值，每个教学活动之间应该具有内在的关联性和生长性。所谓关联性，或者是条件关系，前一个教学活动是后一个教学活动的基础；或者是层进关系，后一个教学活动是前一个活动的发展和深入。所谓生长性，体现在教学过程和内容上，或者是学习内容的不断深入，或者是学习要求的不断提高，或者是学习方式的不断改进；体现在学生身上，或者是对问题的不断发现，或者是对问题认识的不断深化，或者是思维质量的不断提高。

教学主线的展开，并不是一步到位的，必须分步推进；主要教学活动的组织，也不是一蹴而就的，必须分解实施。这个分步推进、活动分解的过程，就是教学层次的体现。打个比方，就像树的年轮、竹竿的竹节、一年的四季。我们在谈到教学活动设计策略时经常说：次要活动要整合，重点活动要分解。后者也强调了教学层次的重要。所以"一根主干"这个比喻，也包含了教学的分层推进。

树式共生教学结构，有的是一堂课一个主干，即一课堂一个点、一条线，我们称之为单株结构；也有的一堂课两个主干，即一课堂两个点、两条线，我们称之为双株结构；还有的一堂课可能是三个主干，即一课堂多个点、多条线，我们称之为多株结构。这样的结构，除了必须要处理好双线之间乃至多线之间的关系，务求主次分明、互相补充、互相照应，而不能主次不明、互相干扰，其他的和一课堂一个点、一条线的单株结构没有什么不同。

"根根青枝"是指在围绕主线、突出教学主线的同时，根据具体教学情境和教学需要"旁逸斜出"的"节外生枝"。"片片绿叶"是指，无论是主干还是分支，都必须追求鲜活的教学细节。在树式共生教学结构中，"种子"和"主干"更多的是教师教学设计时的预设，"分枝"和"绿叶"则更多的是教学过程中的生成，两者都不可缺少教师的引领。对教学过程中生长出来的"枝叶"，教师必须及时进行"人工选择"和"修剪"，以使课堂教学既枝繁叶茂，又主干强壮；既内容集中、主线突出，又充满活力和张力。

我们通常见到的课堂结构，大多是线式结构、点式结构和板块式结构。

所谓线式结构，常常是按照文本内容的先后，即按照某一教学内容内在顺序的先后组织教学。所谓点式结构，常常是按照知识点组织教学，或者是同一知识点的不同内容，或者是不同知识点的不同内容。所谓板块式结构，常常是将一篇课文的教学内容或者一节课的教学内容整合为几个板块逐一进行教学。这几种教学结构各有特点，也各有优点，其共同的优势是都比较容易掌握。由于板块式教学是基于对教学内容的整合，并且着眼于学习活动的组织，所以常常比前两者更有效果。

和这几种结构相比，共生教学的树式课堂结构的不同点在于前后的教学内容、教学活动之间具有生长性和内在的逻辑性，即后一个活动以前一个教学内容、教学活动为基础。我教学《阿房宫赋》，第一个主要内容是认识赋这种文体"铺采摛文"的特点，主要组织了这样一些活动：学生阅读课文，为我已经压缩过的短文填空—根据所填词语，到课文中找对应的语句—认识"铺采摛文"，用一组排比、比喻、夸张的句子表现事物具体特点的写作方法—学生听教师配乐朗读课文，体味"铺采摛文"的表现效果。很显然，这个教学过程中的所有前一个活动都是后一个活动的基础，后一个教学活动都是在前一个教学活动的基础上进行的。第二个主要教学活动是认识"体物写志"的特点。先让学生抓住最后一段话的关键词语，理解杜牧的写作意图，再比较我改写的结尾和原作结尾的差异，深化理解后面的议论"写志"是前文铺陈"体物"的自然延伸和发展，最后让学生用"奢—亡—鉴"三个关键词概括文章的思路和主旨。这三个教学活动之间，显然也是前一个活动是后一个活动的基础，后一个教学活动是在前一个教学活动基础上进行的。两个主要教学内容：认识赋的"铺采摛文"和认识"体物写志"之间，也是如此。这种生长性，有时候在后一个教学活动以前一个为基础的同时，学习活动的要求也在不断提高。比如我们教学《孔乙己》，主要教学活动是：交流阅读初步感受——从小说中"找手"——简要分析作者写手的角度——自由选择一个手的动作分析人物性格——抓住两个有联系的手的动作分析人物性格和命运——聚焦品读"走"这个动作描写——自由选择一处场景补写孔乙己的手—集体合作想象描写孔乙己死的时候手的动作——为孔乙己写碑文。不仅后一个教学活动以前一个为基础，而且每一个学习活动的要求都在不断提高。

需要说明的是，共生教学树式课堂结构和通常所见的线式结构、点式结构、板块式结构不是截然不同的，它们也有许多共同的特点，只是它更追求教学过程的生长性而已。

共生课堂是条流动的河
——基于现场的教学机制

不少青年教师问过我如何才能把课上"活",是的,大家都想把课上"活",但却常常不能如愿。把课上"活",可能有很多因素和很多条件的影响,其中很重要的一点就是不能拘泥于教学计划。不少年轻教师上课,完全是按照计划一步一步地进行,甚至每一句话都是课前准备好的。这样的课无论如何也是"活"不起来的。现在有一个流行的说法,叫以学定教。我们觉得,以学定教,最主要的并不单单是备课的时候从学生出发,从学情出发,而是指教学过程中能够从学生出发,从学情出发,从教学现场出发。因此,尽管共生教学并不排除教学内容的精心预设和教学活动的精心设计,但其根本性特征还是体现在它是基于现场的教学。

一、基于现场的教学目标调整

关于教学目标的确定,我们的基本观点是:语文课堂不能没有教学目标,但不能刻意追求目标的达成。语文课堂没有教学目标,教学就没有指向,课堂教学很容易出现随意性。刻意追求目标的达成,就会无视至少是忽视学生的现场学情,就会牵着学生走、赶进度,变成任务式的,课堂自然就"活"不起来,更不可能实现共生。这一方面是由于有些目标一节课很难达成,另一方面则是课堂现场的学情是复杂的、变化的,并不和我们的预期完全一致。所以，共生教学必须基于现场对教学目标进行及时调整。教学《白雪歌送武判官归京》，在我制订的教学计划中，第一个目标就是能够默写课文。可是，在某一所学校教学这篇课文，开始上课以后，我发现学生的基础比较薄弱，对预习要求不清楚，预习也不够到位，于是我及时把"默写课文"的目标调整为"抄写课文"。我想，如果仍然按照原先计划落实默写课文的目标，那节课的整体效果就会受到严重影响，甚至"默写课文"的目标也未必能够很好实现。教学《孔乙己》时，其中的一个教学目标是认识孔乙己悲剧的自身因素，即在认识到封建科举制度和人情冷漠的社会是孔乙己悲剧形成的原因之后，通过孔乙己和蒲松龄的对比，认识孔乙己自身也是悲剧的原因之一。但在许多情况下，对于这个目标，我是放弃的。因为不同的学生，有不同的阅读能力，不同的课前学习，不同的课堂反应，前面的学习任务完成情况所需要的时间和效果都不一样，我不能为了完成所有的既定目标而不顾前面学习任务的学习效果。于是，这一教学目标就成了我用一节课教学这篇课文的机动目标。教学目标的及时调整，会使我们的教学更加切合学生实际和课堂实际，这就为其他教学目标的落实和教学活动的开展提供了更为充分的空间，使教学的共生有了更好的条件。

二、基于现场的教学内容再生

教学内容的生成，已经是一个老生常谈的话题。我们在谈共生教学的生长性时，已经涉及过这个内容，但无论是一般意义上的内容生成还是教学内容的生长性，似乎都不能完全等同于这个问题。我们在谈到什么是好的语文课堂教学时说过，从共生教学的角度看，如果一节课的教学内容，参考书上的内容多，试卷上的内容多，往往很难是好的课堂，而教师带进课堂的内容少，课堂上再生的内容多，学生在文本中发现得多，在现场的写作体验多，才是好课。

下面我们通过一个写作教学的案例来说明这个问题。教学"格言的改造和思想的提炼"，我设计的主要环节为：（1）交流你喜欢的格言。请同学们每个人拿出一张纸，写下一句自己印象最深刻的格言。（2）用你的格言证明你的观点。让同学们用自己写下的格言先证明一个道理，再证明一个不同的观点。（3）改造加工格言。即引导大家对名人的格言进行改造，借助对格言的改造提炼自己的思想，并了解通过格言改造提炼思想的常见方法。（4）运用了解的常见方法，改造自己喜欢的格言，然后进行交流。（5）把故事变成格言，能把对生活的认识用格言的形式表达出来。我会先讲述一个生活故事，并和学生一起提炼格言，然后再讨论格言提炼故事中蕴含的思想。

曾有老师说过，我的课常常是"空手道"。这当然是对我的鼓励，也只是一个比喻的说法。但这些老师的确看出了我的教学追求和共生教学的本质特点。我上课带进课堂的东西常常很少，而追求课堂现场再生的内容较多。如果说这个说法有一定的道理，上述这节课应该是一个典型的案例。教学这节课，我几乎什么都没有带，只有一个教学的主题和思路，一切基本来自教学现场，整节课的教学内容基本上都是一步步由前一个教学环节、前一个活动中学生的现场反应而来。学生会说出什么样的格言，我事先不知道；学生用格言证明什么观点，我事先也不知道；学生怎么改造他们的格言，我更不知道，这些内容都是教学现场的再生。细心的教师很容易会从我的教学案例中发现这样的教学情境，这就是教学内容的现场再生。我知道，不少教师以为这样上课风险太大，但没有风险就没有回报。只有这样的课，才真正能享受到共生的魅力。

三、基于现场的教学活动组织

说教学内容的现场再生，可能很多教师都有共同的感受，也都比较容易理解，但说教学活动的现场组织，可能很多教师尤其是年轻教师会觉得难以理解。但要把课教"活"，让课堂教学真正实现共生，基于现场组织教学活动是必不可少的。例如，教学《黔之驴》时，在课文朗读这一活动中，按照我制订的计划是先让学生举手主动读课文，主要是读准字音，读清句读；再指名读，主要是读出寓言的特点。评讲学生的问题后，我再范读，让学生体会寓言的特点，接着我再领读。可是，江苏省首届苏派语文教学研讨会在靖江中学举行时，当我指名一位同学读课文时，那个同学朗读得非常好，寓言的特点，文言文的味道，驴和虎的形象，体现得都非常到位。怎么办呢？于是，我及时调整了教学活动。对他的朗读作了高度评价之后，我说："这位同学朗读得比老师都好，下面请他领着大家一句一句读课文，好不好？"同学们异口同声地说：

"好!"这样课堂气氛不仅异常活跃,效果也非常好。如果我再继续"范读",无疑是"狗尾续貂"。又如,教学《白雪歌送武判官归京》时,我设计的一个教学活动是:通过朗读比较,让学生准确把握诗歌基调。我一般都会问:有同学愿意和黄老师比一比朗读课文吗?当然,我准备的是自己朗读得有问题。很多时候,会有学生愿意,而且会读得不错。这样我的教学意图就完全实现了。但也有很多时候没有同学愿意。那怎么办?我总不能强拉一个来,万一学生读得不好,不是伤害人家吗?于是,我就会说:好吧。你们都不愿意,那黄老师朗读,你们来评点可以吗?这样做,同学们都乐意。如果他们只说我好,不说我的不足,我就会反问他们:真的没有问题吗?最后的效果也和对比朗读差不多。

四、基于现场的教学思路变通

每一堂课都是由一个一个环节、一个一个活动组成的。这个由教学环节、教学活动组织成的链条就是教学思路,用字母表示就是:A—B—C—D—E。我们在说共生教学的生长性时,强调共生教学的教学过程中,后一个环节都是由前一个自然而来的,整个过程应该有一个内在的逻辑关系。但从教学实施过程看,这样预先设计的生长关系有时候并不能很好地体现。也就是说,我们备课时预设的思路未必都切合学生的实际和课堂的实际,这就要根据课堂教学现场加以变通。可我们经常看到一些课堂,教师总是拘泥于既定的教学思路。在谈到课堂教学的小组讨论时,我们曾经说过,有些教师在教学中安排小组讨论,不管学生有没有讨论,也不管讨论的结果如何,都按照既定方案教学;或者小组讨论非常热烈,学生形成许多有价值的意见,但教师弃之不管,仍然是一个个同学指名发言。这就是缺少变通,没有变通就没有教学的共生,课堂就不会"活"。比如,我们前面列举的教学《白雪歌送武判官归京》这个案例,我预先设计的思路是找一个朗读得好的同学和我进行比较朗读。在前面我们谈到教学活动组织时说道,如果没有同学愿意朗读怎么办,我就只能自己朗读让学生评点。但如果有一个同学愿意朗读,但读得真的很差怎么办呢?接下去还能按照既定思路对比我们的朗读,说他多么成功,我多么不好,或者说我怎好，他怎么不好吗？当然不能。我们只能调整思路，让学生指出我们朗读得好的地方和不足的地方，然后明确朗读这首诗的要求：既要有对朋友的不舍，有送别的伤感，又不能过于悲伤，尤其不能凄凉，而且要有一点豪迈。如果没有学生愿意朗读，教师就再读一次让学生评点看是否达到要求。由于我经常变通教学思路，所以有些听我的课、研究我的课堂实录的教师，常常发现同一节课、同一篇课文，我的教学思路常常是不一样的。

共生课堂是春雨后的竹园
——体现生长的教学形态

毫无疑问，追求生长性是语文共生教学最本质的特征，也是和其他许多教学方法最大的不同之处。于是，不少教师问我：语文共生教学的生长性特征是如何体现的呢？对这个问题，我虽然在一些文章和专著中已经有所涉及，但至今还没有作过比较集中的论述，在此我试对语文共生教学生长性特征的具体体现作简要阐述。

一、教学内容的生长性

教学内容的生长，对于阅读教学来说，首先是文本内容的生长。

共生阅读教学的基本前提，就是实现教学主体（教师和学生）与文本的共生。这个共生有内涵方面的，也有形式方面的。要注意的是，这里的文本内涵生长，既不是读者对文本的多元解读，又不是接受美学所说的读者和作者一起完成文本的创造，或者说主要不是指这两者，而是指教师在基于教学的文本阅读和文本处理中对文本的发现和丰富，以及学生基于学习的文本解读和文本理解中的发现和丰富。

大家知道，理想的阅读教学不仅仅是教师带着学生读进文本、读出文本的过程，而且是教师带着学生解构文本又重构文本的过程。不少人以为，理想的阅读教学应该是教师借助教学文本和学生一起建构一个甚至不只是一个新的文本，这就是实现了教学文本内容的生长。人们常常说的把书读厚，或许就包含了这样的意思。也许每次实现的程度不一样，但我们的阅读教学都努力追求教学文本的内容生长。

教学《我们家的男子汉》时，我抓住了文章用小标题组织结构的特点。在教学中，不仅让学生抓住小标题解读文本、厘清结构，认识小标题在文章中的作用，而且在完成这些学习任务的基础上，让学生从文中找出人物适当的语言替换原先的小标题，并比较两个小标题的不同。我以为，这就是文本形式的生长。这些教学内容是原先的文本中没有的，又是从原先文本中生长出来的，而且可以借此更好地解读文本。文章中，作者概括了小男子汉的特点，其实也就是概括了作者心中男子汉的精神，并且强调了这些精神是一点一点长大的。在理解了这些内容之后，我让学生用比喻的修辞方法说说自己认为男子汉精神最主要的应该是什么，并且根据课文内容合作完成了《小小男子汉宣言》。这些活动不仅加深了对文本的阅读理解，而且实现了文本内涵的生长。教学《谏太宗十思疏》时，我让学生从文章中选择句子加工为生活格言；教学《阿房宫赋》时，我改写结尾让学生和原文比较，都产生了这样的效果。

尽管在作文教学中，课堂教学内容的生长性特征不是非常明显（这不是作文教学本身的问题，而是我们作文教学的问题），但课堂中教学内容的生长也同样是存在的。我们的作文教学常常带进一则材料或者一篇半成品作文，这些材料和半成品作文就是教学的客观性内容。教师的作文评讲课也会或多或少地带进一些学生的作文，这些作文也是教学的客体性内容。如果作文评讲课仅仅是让学生知道哪篇作文写得好，哪篇作文写得不好，这就没有了生长性，如果只是一起把那篇不太好的作文修改得比较好，这个生长性也不够突出，但如果能借助一篇好的习作或者一篇有问题的习作，让更多的人写出好作文，这就实现了教学资源的生长。

介绍共生教学时，我特别强调一个观点：共生教学是基于现场的教学。越是成功的共生教学，带进课堂的东西越少，或者说预设的东西越少，而更多的教学内容是现场生长的。这一点在作文教学中体现得尤为显著。这里我就不再展开论述了。

二、是教学过程的生长性

教学过程的生长，首先体现在一节课前后教学环节之间的生长关系。我们常常看到一些课堂的前后教学环节缺少内在的联系，没有逻辑关系，是随意的、离散的。比如，先是介绍作者，接着就是字词教学，再接着是朗读课文，这之间没有内在逻辑，更没有生长关系。这样的教学过程，也就没有生长。

而共生教学以为，一节课的教学过程应该是一个生长的过程，前后教学环节之间应该有紧密的内在联系和必然的逻辑关系。一般说，前一个环节应该是后一个环节的基础，后一个环节应该是前一个环节的必然发展。很多人论及课堂教学的生成，只是关注教学内容和教学资源的生成，而无视这种教学过程的生成。而共生教学不仅仅关注教学内容的生成，更加关注这种过程性的共生。所以，共生教学的课堂结构是"树式结构"。树式，就是强调教学过程的生长性。例如，我教学"议论文思路的展开"的过程大致是：（1）出示江苏省2015年的高考作文题："智慧是一种经验，一种能力，一种境界。如同大自然一样，智慧也有它自身的景象。请以此写一篇不少于800字的作文，题目自拟，文体不限，诗歌除外。"（2）让每个同学写出自己对"智慧"的理解。（3）交流部分学生对智慧的理解，教师板书关键词句。（4）从各种对智慧的理解中选择适当内容进行组合。（5）评选最佳组合并进行讨论。（6）分析讨论存在问题的组合，并进行现场调整。（7）对一些关键句进行提炼、分解或修补。很显然，在这个教学过程中，七个环节之间有着非常紧密的内在联系，后面的所有教学活动都是在第一个环节的基础上生长出来的，每个环节都是在前面的教学环节基础上生长出来的。

教学过程的生长性还体现在某一方面教学内容的学习或者某一学习活动的过程之中。从纵向看，课堂是一个流动的过程，是由一个个教学环节组成的；从横向看，课堂又是由几个不同方面的内容或者是不同方面的几个活动组成的。一个内容的教学也好，不同活动的组织也罢，它们完成的过程也应该是一个生长的过程。比如教学《黔之驴》这篇课文，对文字的理解毫无疑问是一个很重要的内容。如果采用教师讲解学生记笔记的方式，看起来一步到位，其实效果并不理想。因为知识在学生心中真正生根，也需要一个生长的过程。我采用的办法是，先在朗读中联系读音解决对部分字词的理解，再在读驴和读虎的故事中分别解决部分字词，接着在讲故事的过程中解决部分词句，并在解读"好事者"和主题的过程中解决一些疑难的字词问题。可见，字词的教学是贯穿在整个教学过程中的，而且是在不断深入、不断反复的过程中完成的。这就是一个具有生长性的学习过程。而在这个教学过程中，朗读教学既是完成文字理解、文本欣赏的一种方式，同时它本身也是文言文教学的一个很重要的内容。这节课上，我组织的朗读也是具有生长性的。先是指名朗读，主要是读准读正确；接着要求读出寓言特点，再指名朗读进行评点；指名的同学朗读得好，我就请他领着其他同学读，指名的同学读得不够好，我就再领着同学们一起读。尽管朗读只是这节课的一个环节、一个手段，但我也力求使它具有生长性的特征。

三、学习过程的生长性

什么是课堂？课堂就是学生学习的地方，就是学生享受学习快乐、获得学习成长的地方。真正有意义的学习，必须体现生长的特征。其实，从前面所举的例子中，我们可以看出学生学习成长的特点。当然，前文的例子主要是从教学内容和教学过程的角度讲的，这里我再从学生的角度作一些说明。

学生的学习成长，首先体现在对知识的学习不断深入。广义地说，学生在课堂上始终是一个学习知识的过程。但知识的学习不是简单的结论传递，不是一步到位、一蹴而就的，这要有一个过程。我教学《阿房宫赋》就有这样的教训。学习这篇课文，了解古代"赋"这种文体的特点，无疑是一个重要的教学内容。第一次教，我和学生大讲赋的知识，从形成到流变，从特点到效果，可是学生反应冷漠，置若罔闻。我问几个学生为什么不感兴趣，他们都说不太懂，回去到网上再看一看。我深受打击。是的，我讲了一节课，有什么内容是学生书上看不到、网上查不到的呢？也就是说，我这节课对学生毫无用处。于是，我想办法让"赋"的知识学习成为学生学习的过程，这就有了后来很多老师知道的课堂。我先压缩课文让学生根据课文填空，再抓住所填的关键词回读课文，进而两相比较让学生认识赋"赋者，铺也，铺采摛文"的特点。在这个活动中，学生认识"赋"这一知识的过程，就是一个学习成长的过程。

就阅读教学而言，学生的学习成长主要体现在对文本理解的不断深入。和很多教师一样，教学《背影》时，我起初也主要是带着学生反复品读买橘子的场景，读出父爱，读出感动。后来我发现，这些不用我教，绝大多数学生也能读出来。更重要的是，随着对文本理解的加深，我觉得这篇课文如果只是教"感动"、教"父爱"，似乎还没有走进文本。于是，我和学生一起借助背景在文本中读出作者和父亲复杂的父子关系，读出父亲买橘子背后深沉和丰富的感情，读出作者对父亲理解的变化，读出作者理解父爱的艰难过程，让学生知道有一种爱是用"背影"来表达的，要理解这种像山一样沉重、博大、崇高的爱是不容易的。我知道，我做得未必成功，但我想肯定把学生带到了他们自己原先没有到过的地方，让他们在文本中有了新的发现。这就是学生阅读中的成长。即使在品读"感动"的时候，我也特别关注那些最初并不感动的学生，引导他们一步步读出了感动。不少学生阅读这篇散文有一个误解：作者看到父亲翻过月台买橘子就深深地理解了父亲的爱。于是，我抓住文中的几处流泪让学生品读作者到底什么时候才读懂了父亲。这应该也是学习的成长。

学生的学习成长还体现在对问题认识的不断深入。教学《葡萄月令》这篇散文时，有一个很重要的内容是借助文章理解作者。我问：什么样的人才能写出这样的散文呢？有的学生说，熟悉葡萄的人；有的学生说，热爱生活的人；有的学生说，有文学才华的人；有的学生说，性格开朗的人……毫无疑问，学生的认识都不错，但都比较肤浅。但我并不直接点破，也不直接告诉他们"答案"，而是让他们听读了作者女儿谈到这篇文章的一段话，让他们记下最关键的词，然后抓住这些关键词思考作者是一个什么样的人，由他我们可以想到什么人。学生很快就联想到了苏轼，同时也认识到作者是一个面对生活困境仍对生活充满热情的人，是一个有着孩子一样心灵的人，是一个豁达澹然而又执着的人。我们相信，经过这样的教学活动，学生对作者的理解和认识一定会加深。

就写作教学而言，学生的学习成长主要不是写作知识的学习，也不是写作能力的显著提高，而是对写作过程认识的不断深化和写作体验的不断丰富。

比如，前文所举的"议论文思路的展开"这个例子，就是在多个角度的思考和讨论中，引导学生进行议论文展开的写作实践，在这个过程中认识议论文展开的要求和规律。又如，教学"记叙文故事情节的展开"时，我则设置了多个写作情境，让学生置身于具体情境中构思故事情节，并进行充分的讨论和比较，比较作者和他妈妈写的两个不同结尾，并自己设想一个结尾，比较我提供的三种结尾。丰富的写作活动，不断丰富学生的写作体验，同时也在不断深化他们对记叙文情节展开规律的理解。这也是学生学习成长的一种体现。

共生教学的成长性体现在多方面。这里我们对其中最主要的也是最常见的三个方面作了简要阐述，恳望和我们一起实践语文共生教学的同仁专家不断丰富共生教学的成长性特征的内涵。

案例2

《我的叔叔于勒》

师：同学们，知道今天我们学什么课文吧？

生：（齐）知道。

师：有没有看呀？

生：（齐）看完了。

师：看了五遍的举手！

（只有两个同学举手）

师：看没看，不是说声音响亮不响亮。看小说，就看能记住多少，记得越多说明看得越认真。看得遍数最多的是后面的两位女同学，哪一位先说说，看了这篇小说后，你们还能记住哪些内容、哪些情节。

中间那位女同学先来，你现在能记住哪些情节？

生：于勒叔叔以前糟蹋钱，后来写了一封信给菲利普家。菲利普全家认为于勒很富有，都很期盼他回来，后来看到他又穷了之后，就不想见他。

师：好的！她记住的是我的叔叔于勒的整体经历。一开始糟蹋钱，被赶走，后来据说在外面赚了钱，大家就盼他回来。后来又发现他没有钱，是个穷光蛋，就不认他。（教师边复述，边板书"于勒""被赶""盼回""不认"。）

好的！旁边那位女同学——除了这些，你还记得哪些内容？

生：我记得菲利普夫妇生活十分拮据。

师：他们家里比较拮据，比较穷。（板书"拮据"）

生：所以他们对物质生活的追求是比较……（学生出现窘态）

师：你的意思是他们非常渴盼富足的生活吧？

生：是的。所以他们在接到于勒的信之后，知道以后可以得到于勒的资助，对于勒的回来充满了期待。

师：好的，家里生活很拮据，知道于勒发了财，所以特别期盼他回来。（板书"期盼"）

其他同学，你们还有哪些要交流的，这篇小说中你们最难忘的一个情节、故事，哪怕一个细节，都可以。哪位同学愿意交流?

（部分学生举手）

生：我最难忘的情节是当"我"去付于勒叔叔钱的时候，"我"多给了10个铜子。

师：你记得的是"我"，"我的叔叔"中的那个"我"。（教师在"于勒"前面板书"我"）

这个"我"叫什么名字?

生：（齐）若瑟夫。

师：（教师在黑板右上板书"若瑟夫"）读小说时，记住基本情节和基本人物很关键。（在"若瑟夫"上方，板书"人物"。）

若瑟夫给叔叔付钱的时候多付了10个铜子。（板书"多付10个铜子"）

（一位同学举手）好的。这位男同学——

生：我印象最深的是于勒赚到钱之后，给我们写了一封信。（教师边说边板书"一封信"）

师：还有吗? 没有!

（一位同学举手）好的。那位男同学——

生：我记住的是菲利普夫妇在见到于勒之后的对话和动作神态的变化。

师：你把那些内容给大家读一读，哪些内容写了菲利普夫妇动作神态的变化?

生：从第25段开始的7段。

（学生朗读第25—31段，教师倾听。）

师：很多人读了这几段，都感觉到难忘。你觉得这几段写出了父亲怎样的心理?

生：有一种忐忑。

师：忐忑，大家觉得"忐忑"概括得好不好?

生：（杂然）可以!

师：可以呀! 好的，父亲的忐忑。

"忐忑"怎么写呀?

生：（齐）"上心，下心"。

师：（板书"忐忑"）这意味着父亲心理上的惊恐。还有哪位同学？（一位同学举手）好的，旁边的这位同学——

生：我记住的是一句话——"我心里默念道：'这是我的叔叔，父亲的弟弟，我的亲叔叔。'"

师：你记住的是小说的后面，"我"给叔叔付了钱之后的一段心理，对不对？你能不能说一说，这是一种怎样的心理？

生："我"对叔叔的一种愧疚。

师：愧疚，同情，不舍。应该是"愧疚"，理解得最深。

生：他父亲和于勒是亲兄弟，父亲见到于勒之后，却避而远之。

师：居然不认亲弟弟。

生：为了钱，就六亲不认。

师：是的，"我"的这份愧疚其实是代表"我"的父亲母亲的，对不对？"我"没有什么可以感到愧疚的，应该愧疚的是"我"的父亲母亲。（板书"愧疚"）

这句话确实令人难忘，也是发人深省的语言描写。

其他同学有没有啦？（一位同学举手）好，前面这位同学。

生：我难忘的是最后一段，得知"我"给了于勒10个铜子的小费之后，妈妈对"我"说的话。

师：你把妈妈对"我"说的那句话给大家读一读。

生："我母亲吓了一跳，直望着我说：'你简直是疯了！拿10个铜子给这个人，给这个流氓！'"

"我"从这句话中看到了当时……

师：首先，我们紧紧围绕着母亲来说。母亲叫什么名字？

生：（齐）克拉丽丝。

师：克拉丽丝的丈夫叫什么名字？

生：（齐）菲利普。

师：（在"若瑟夫"下方，板书"克""菲"，再走回到刚才发言的同学的身边）刚才这段话，表现了克拉丽丝怎样的心理？

生：趋炎附势。

师：趋炎附势？看到当官的，就拍马屁；看到不当官的，就瞧不起。你是不是这个意思？

生：是的。

师：他从中看出的是趋炎附势。还有没有其他同学发言？（一位同学举手）那位女同学。

生：我印象最深的是关于"我"的父亲确认了于勒叔叔身份之后的表现，在第34段。

师：他是怎么确认的？

生：是通过船长确认的。

师：他确认后有怎样的表现，你能不能给大家读一读？

生：好的。"我父亲脸色早已煞白，两眼呆直，哑着嗓子说：'啊！啊！原来如此……如此……我早就看出来了！……谢谢您，船长。'"

"我"感觉父亲确认完于勒叔叔的身份之后，心理发生了很大变化。一开始，于勒叔叔还在美洲的时候，他天天散步，像看到于勒叔叔在朝他挥手一样。

师：你是借助其他情景，感受到了父亲心理的变化。

这位同学前后连起来读小说的情节，非常好。小说前面写到他的父亲仿佛看到弟弟回来的情景，在小说的第几段？

生：第4段。

师："唉！如果于勒竟在这只船上，那会叫人多么惊喜呀！"

（学生也跟着一起读）

师：是这一段吧？前后对照，就能看出人物的内心世界。非常好，请坐。

哦，还有同学要交流，我们就不再一个一个发言了。从这里可以看出我们班的同学读小说有非常好的习惯。读小说，首先要读进小说去，读进人物的内心去，最起码的一个要求就是能够记住小说中那些让我们难忘的情节和情景。这对读小说和写小说太重要了。

（教师指着板书）

师：当然，我们记下来的都是同学们读出来的情节的碎片。（在左上角板书"碎片"）

小说里的情节是故事发展的过程。(在"碎片"下板书"发展")从欣赏小说的角度看，我们还要善于把握情节发展的过程。现在，我们回过头来看一看，小说里最先写的一件事是什么？是先写于勒被赶走，还是家庭的拮据？

生：(齐)家庭的拮据。

师：(在板书"拮据"旁标上①)。课文里的具体内容我们暂且不一一考虑，只看写在黑板上的内容，接下来写的是哪件事？

生：(齐)期盼。

师：期盼，盼他回来。(在"盼回""期盼"旁标上②)是这样的吧！接下来是什么内容？大家对照课文，第三件事写的是什么？

生：(齐)被赶。

师：被赶(在"被赶"旁标上③)。第四件事写的是什么？

生：(齐)一封信。

师：根据课文的写作顺序，我们一起为黑板上的内容编序。"一封信"是"被赶"之前，还是"被赶"之后？

生：(齐)被赶之后。

(教师在"一封信"旁标上④)，接下来写了什么内容？

生：(齐)写"不认"。

师：写"不认"。(在"不认"旁标上⑤)接下来写的是"多给10个铜子"这件事吗？

生：(杂然)是先写"愧疚"。

师：哦？"愧疚"是在"多给10个铜子"之前，还是之后？

生：(齐)之前。

师：那么，"愧疚"是第六件事，"多给10个铜子"是最后。(在"愧疚"旁标上⑥，"多付10个铜子"旁标上⑦)

师：(对着板书解说)什么叫作情节呢？情节就是把零散的故事组合成一个完整的故事链条。准确地说，情节就是故事发展的过程。(在"发展"旁板书"过程")我们刚才给这些短语编写顺序，就是在梳理这个过程。

先写家庭经济拮据，次写盼望于勒回来，然后再回过去写于勒叔叔被赶走，再写他给家里写信。写过"一封信"之后，再写遇到于勒，却不认他。最后写"我"去付钱时给他小费。

（教师边简述，便用短线将各短语连接起来，形式一个弯曲的链条）这是课文安排的小说故事情节的一个过程。如果按照故事本身的先后顺序来看，应该先写什么？

生：（齐）"被赶"。

师：现在大家来考虑一个问题：作者为什么不先写于勒"被赶"，而要先写"我们家里很穷"，然后一家人都盼着于勒回来呢？假如顺着故事本身的先后顺序去写，与现在这样的写法有什么不同效果呢？

读小说，就要善于这样比较思考。有没有同学愿意就这个问题谈谈自己的思考？

（部分同学举手）好的，这位同学。

生：这样写，可以设置悬念。

师：什么样的悬念呢？先写家里很穷，就产生了悬念，家里为什么这么穷呢？是这样吗？

生：家里在期盼于勒。

师：家里为什么会期盼于勒呢？

生：然后再写于勒叔叔被赶和那封信。

师：这个同学认为现在这种写法主要是可以构成悬念。

读了小说中写他们家里拮据的内容之后，我们是不是在想：他们家里为什么拮据呢？然后后面的故事就是写他们家是怎么拮据的，是这样吗？写他们家拮据，是不是小说的主要内容？

师：现在这样的安排——先写家里的拮据，然后写期盼于勒叔叔回来，这个时候才开始写于勒叔叔被赶。

刚才那位同学所说的，对不对呢？黄老师希望大家好好思考一下这个问题。

（有一位同学站起来）

生：我觉得开始先写家里没有钱，是为了后面写赶走于勒是因为他糟蹋钱。

师：你的观点是写家里拮据和于勒糟蹋钱有关系？我们家拮据是不是因为有一位会糟蹋钱的叔叔？我们家的钱都是这个叔叔糟蹋完的吗？请坐！

（又有一位同学站起来）

生：我觉得，小说不先写于勒叔叔被赶，是因为于勒叔叔并不是小说的主要人物，只是一个线索，没有必要先写。

师：各有道理，请坐。如果一开始就先写家里有个叔叔，这个叔叔的名字叫于勒，于勒是个不学好的人，糟蹋钱，后来家里就把他赶走了。这样写，会让大家觉得这个人物是主要人物。是这个意思吧？好的。

（一位同学举手）后面那位女同学，你来。

生：我觉得先写他们家拮据，交代一下背景，然后再写于勒叔叔糟蹋钱，可以把他们家的钱财观念放大，便于理解后面的内容。

师：把什么放大？

生：钱财观念。

师：钱财观念被放大。这位同学的理解比较深刻。

师：下面我们把几位同学的思路梳理一下。有的是谈文章这样写的好处，有的是谈如果先写于勒有关内容的不好。归纳一下几位同学的说法：如果先写于勒叔叔，就会突出勒这个人物的重要性，事实上于勒这个人物只是一个线索。现在小说先写家庭的拮据，是后面整个人物行为性格的一个基础。

但是还有两点值得我们再思考：第一，我们家里经济不太好，是不是跟有这样一个叔叔有关系呢？有一点关系。但是不是由于这样一位叔叔我们家就拮据了呢？恐怕还要再想一下。而于勒叔叔被赶走，我们家的经济也没有变好呀！第二，我觉得还可以从文章结构的角度来看这个问题。如果顺着时间先后来写，结构会是平—铺—直—叙。现在这样的安排，结构更加紧凑。

师：刚才我们探讨的是作者怎样叙述故事。从理解故事情节的角度看，我们欣赏小说情节，记住那些经典的情节片段，不仅要厘清它们的发展过程，看作者怎么叙述故事，还要深刻地理解小说的主题和人物，注意情节之间的因果关系。（板书"因果关系"）如果能看到情节之间有因果关联，甚至能看到背后的关联，说明你们的理解更加深刻了。

有哪位同学能从黑板上的这些情节片段之间，看到哪个情节和哪个情节有因果关系？

（一位同学举手）好的，这位同学，你看到哪个跟哪个有因果关系？

生：于勒叔叔来了那封信和后来十年都没有音讯有因果关系。

师：一封信和没有音讯有关系？声音大一点。

生：于勒他寄来一封信后，他就……（学生语止）

师：于勒叔叔寄来一封信后，我们家发生了怎样的变化？

生：我们家期盼着于勒叔叔回来。

师：这样理解非常好，准确、深刻，在小说里安排这样一封信太重要了。你还有要说的吗？

生：于勒叔叔寄来这封信，十年之间都没有写信。

师："没有再来信"这个情节，又让你联想到了什么有关联的故事？

生："没有再来信"和后面于勒破产、于勒在船上出现有关系。

师：对的。"没有再来信"和后面写于勒的潦倒与最后的出现之间有铺垫关系。没有来信是因为潦倒。（板书"潦倒"）很好！读得很细。

我刚才已经说了，这篇小说安排这封信太重要了，大家要好好地去体会。但是我们今天不能抓住这一点进行充分欣赏，还是顺着刚才的思路，来看黑板上这些情节片段之间的关系。

这封信和一家人的期盼之间，是不是有一个明显的因果关系？是的。（用横线将"一封信"和"期盼"连接起来）

这封信不仅让家人期盼他回来，还给家里带来了重大影响，发生了一件什么事？

生：（杂然）求婚。

师：嫁不出去的一个姐姐终于有人求婚了。（在"一封信"旁板书"求婚"，并用横线连接）看来姐夫求婚和一封信有因果关联。

其他同学还有没有发现有因果关联的？

（一位同学站起来）

生：我发现"被赶走"和"一封信"之间有因果关联。因为如果于勒被赶走，感觉对不起这个家，要回报他们，他才会写这封信。如果他当时没被赶走，也就不会写这封信了。

师：是的，有道理，而且看得很深刻。还有哪位同学？

（又有一位同学站起来）

生：我觉得这封信和"不认"之间有因果关系。

师：这封信和"不认"之间有什么关系？

生：因为这封信给了全家人特别大的希望，希望越大失望越大，所以当他们发现于勒穷困潦倒的时候，心里顿时……

师：你想得挺深的。但是我们跳出小说来想一想，能不能说他给了我们很大的希望，后来他没有满足我们的希望，我们就不认他？

生：（杂然）不可以。

师：所以，这种因果在小说里也许是有道理的，但是在生活中确实值得我们好好思考。

好的，我们还是读小说。还有哪位同学读出了因果关系？

生：我觉得"拮据"与"被赶走"有关系。因为我们家生活拮据，于勒叔叔糟蹋钱，所以他就被赶走了。

师：（在"拮据"与"被赶走"之间进行连线）你的意思是如果家里钱多，就算于勒叔叔糟蹋钱，也不一定被赶走。我觉得有道理。人的经济状况会影响人的心理和行为。一般来说，特别吝啬的人，可能与经济尤其是从小生活的经济状况有关联。（有一位同学举手）好的，这位同学，你又在哪里找到了情节之间的因果关联？

生：我觉得"拮据"与"不认"之间也有因果关系。因为如果他们家有钱，毕竟于勒是他们的亲弟弟，他们也许就认了。

师：（教师在"拮据"与"不认"之间连线）这位女同学，你来！

生：我觉得"潦倒"与"不认"之间也有因果关系。

师：哪个人的"潦倒"？

生：于勒的潦倒。

师：于勒的"潦倒"跟家里人"不认"有关系？

生：因为于勒的潦倒，可能导致姐姐再次嫁不出去。

师：担心。担心他的穷会给家庭带来负担，担心姐姐好不容易嫁出去了，一回来就又嫁不出去了。（教师在"潦倒"和"不认"之间连线）好的！

（一位同学举手）那位女同学，你来！

生：我觉得"拮据"和"期盼"有关系。

师：(在"拮据"和"期盼"之间连线)有什么关系？

生：因为拮据，就期盼有钱的于勒叔叔回来，因为于勒叔叔回来，他们家的经济状况就会有所改变。

师：(看着黑板上横线交织的情节网图)同学们已经跳出小说的主线来找因果关系了，再这样找下去，还能找出很多，课堂上我们就不再找了，回家再慢慢找。

师：对小说的因果分析，越深入，越具体，理解就越透彻，这几乎是小说阅读的真理。从这样丰富的因果关系中，我们既要去看人物，还要善于把这些因果关系聚焦到一个核心问题上去。

下面我们来思考：小说中很多情节都有因果，而这些丰富的因果关系都和某一个东西有紧密的联系。这个东西是——

生：(齐)钱。

(教师在网状图中，板书"钱"。)

师：这些都和钱有关系。于勒被赶走，是因为他糟蹋钱；于勒写这封信，是因为他有了钱；家里人不认他，是因为发现他没有钱。姐姐嫁不出去，因为家里没有钱，后来嫁出去，是人们知道"我"家有一个有钱的叔叔。你们看，这就是一个钱的世界，钱的网，所有人几乎都钻进了钱网之中。抓住这一点，我们去看这些人物，就会非常清楚。这是一群怎样的人？

生：(齐)金钱至上的人。

师：见钱眼开，金钱至上，唯钱是图。

刚才有同学说，菲利普、克拉丽丝夫妇是趋炎附势的人。大家现在再想一想，说得再准确一点，是什么？

生：(齐)嫌贫爱富，爱慕虚荣。

师：爱慕虚荣，势利小人。当然，趋炎附势的人也是势利小人。但是，具体所指不一样，趋炎附势的人更多的是追求权势。菲利普、克拉丽丝他们更多的是追求金钱。

师：但是小说中有一个人跳出了这个金钱的网络。

生：(齐)"我"——若瑟夫。

师：如果让你用一个词概括一下对若瑟夫这样的人的印象，这个词是——

生:(齐)善良。

师:他和钱之间有没有因果关系?

生:(杂然)没有。

师:没有吗?

生:(齐)有。

师:他给了他叔叔10个铜子的小费。从他妈妈的角度来看,这10个铜子的数额是非常大的。他妈妈在听说他给10个铜子的小费后,说了句什么话呢?

师生:(齐)你简直是疯了!

师:但是和其他人不同的是,他用钱表达的是什么?

师生:(齐)对叔叔的爱,对亲情的珍惜。

师:他的善良表现在他用金钱来表达对亲叔叔的爱,对亲情的珍惜。但是这里有一个疑问,作者通过菲利普和克拉丽丝这两个人物形象,为我们描画了金钱的网络世界。在这个金钱的网络世界中,大多数人都变成了庸俗、势利、金钱至上、唯钱是图的人。小小的若瑟夫,将来在这个世界中慢慢地长大,会不会也变成像他爸爸妈妈那样的人呢?认为不会的举手?都认为会。

(一位同学举手)这个男同学认为不会,请说说理由。

生:我认为若瑟夫很善良,在这样的金钱网中,他能够抵制,能够为亲情感到愧疚,所以他以后也还会继续这么做。

师:这个同学抓住了"愧疚",若瑟夫现在认为爸爸妈妈心里应该感到愧疚,今后他在社会中也一定能抵制金钱世界的腐蚀,不会变成金钱至上的人。

(又一位同学举手)这位同学还有什么要补充?

生:我觉得虽然若瑟夫小时候的生活非常穷困,但是在这样困难的环境下还能保持纯真,今后也会抵制社会上的不良诱惑。

师:你的意思是他是在这样穷的家庭中长大的,以后也能抵制。

生:他尽管是在这样的环境下生长,他还是能保持的。

师:哦,我明白了。在这样的家庭环境中,他还能把金钱看得这么淡。长大后就不会变坏。

两个同学都谈了自己的看法。其他同学都认为社会的力量很强大,是一个大染缸,也会把一个这么纯洁的心灵染黑。那么,到底会不会,我们看看作者是怎么写的?

教材在选这篇小说的时候,删掉了首尾内容。也就是说,原来小说有一个尾巴和一个开头。有没有同学读过小说原来的开头和结尾呀?(板书"首""尾"二字)

生:(齐)没有。

师:我记得小说的结尾大致是这样的——这就是我看到穷困潦倒的流浪汉,总要施舍10个铜子的缘由。(边说边板书这句话)根据小说结尾的这句话,现在你们想一想它应该有一个怎样的开头。请你们试着补出一个大致的开头。

(不久,有同学举手。)

师:好的,最后一排中间的那位女同学。

生:我觉得开头是描写他给流浪汉10个铜子的情景。

师:你认为开头要写一个情景,写一个人给流浪汉施舍。

生:是的。

师:好的。这位男同学,你想出来的开头跟她的是不是一样?

生:不一样。

师:那请你说说。

生:开头应该是这样一句话:每当我看到有流浪汉,我都会给他施舍。

师:好的。这位同学说开头是一句话;刚才那位同学说开头是一个情景。其他同学呢?读小说,就是要和作者一起写小说,这对提高我们的写作水平很有帮助。现在,我们一起看看刚才的两个开头,哪一个更好?是写情景好,还是不写情境好?

生:(齐)写情景好。

师:写小说要写情景,对不对?大家再想一想,当"我"说这句话的时候(在板书"这就是我"几个字下面画线),开头所写的情景中,当"我"施舍的时候,是"我"一个人吗,有没有其他人在场?

(学生沉寂)

师:想不出来是吧?我们再改一下结尾,把这句话加上引号(板书加引号）再添上一句："我的朋友若瑟夫对我说。"（板书这句话）加上这句话后，开头要不要变化？

生：（齐）要。

师：要怎么变化？要有怎样的情景呢？根据老师的这个补充，开头应该是怎样的情景？

生：要有"我"，还要有朋友若瑟夫。

师：对！要写若瑟夫施舍，还要写"我"问，"你为什么要给这个流浪汉施舍10个铜子呢？"于是若瑟夫给"我"讲了下面这个故事，也就是我们的课文。

好了。我们大致把小说的原貌还原了。大家看看，加上这个头尾以后，小说的主题和人物有没有不同和变化？

我们先讨论前面一个问题：加上这个开头和结尾，"我"、若瑟夫，会不会变成他爸爸妈妈那样的人？

生：（齐）不会。

师：肯定不会？为什么？

生：（杂然）因为他每当看到流浪汉就要施舍10个铜子。

师：说这些话的时候，他是不是孩子？

生：（齐）不是。

师：不是孩子。说明在这个大染缸里，若瑟夫长大后仍然施舍流浪汉，说明"我"仍然是一个善良的人，仍然是一个重感情的人。

有没有同学不同意我上面的结论的，尽管有了这么一个开头，仍然认为这并不表明若瑟夫不会变坏？有没有？

（学生沉寂）

师：没有呀！那我说一个观点，看有没有人能否定——

虽然"我"看到流浪汉总要施舍，因为在心目中"我"把流浪汉当作"我"的叔叔，所以"我"的钱不是乱施舍的，其实是施舍给"我"那个叔叔的，这只能说明"我"喜欢叔叔，怀念叔叔，并不表明"我"还是一个善良的人。

有没有同学能把我的这个观点否定掉？（一位同学举手）好的，那位同学，你说——

生：这么多年，他还能记住叔叔，就表明他足够善良。

师：见到跟叔叔差不多境况的人就施舍，就是善良，而且更能表现善良。如果没有这个首尾，若瑟夫的善良就是个疑问；有了这个首尾，若瑟夫的善良，应该说是明确的。

现在我们来讨论另外一个问题：加了这个首尾，好不好？从小说的结构和主题来看，有没有变化？

我们先从主题来看。如果不加这个首尾，从这张金钱网络来看，小说的主题是什么？

生：（杂然）讽刺唯钱是图的人。

师：本文作者叫什么名字？

生：（齐）莫泊桑。

师：是哪个国家的？

生：（齐）法国。

师：莫泊桑是法国的批判现实主义作家。从小说节选的这一部分，我们一看就知道莫泊桑要批判金钱至上的社会。

师：当把小说首尾补出来之后，我们发现作者在批判社会丑恶一面的同时，还给了我们怎样的启发？哪位同学说说？

（一位学生站起来）

生：赞美那些不贪图金钱、洁身自好、不与势利的人同流合污的人，以及他们的行为。

师：赞美始终保持善良人性的人。人性是复杂的，金钱的诱惑会使人性扭曲。但是我们必须相信，在这个金钱社会中，总有那么一些人，高举着善良的火炬，告诉我们人性的善良是不灭的。作者揭示了社会诱惑的可怕和人性的复杂。

师：从写文章的角度，你们有没有注意到，课文节选的部分叙述时用的是第几人称？

生：（齐）第一人称。

师：是第一人称"我"。你们想一想，如果不用"我"可以怎么写？能不能把它改成第三人称？我就能。

我和朋友若瑟夫一起出去，看到街上有一个流浪汉，若瑟夫给流浪汉施舍了10个铜子。我就问他："你为什么要施舍流浪汉10个铜子？"于是，若瑟夫就给我讲了一个他自己经历的故事。接下来，就全是他怎么样，他家怎么样，他叔叔怎么样，一路"他""他""他"……

把文中的"我"改为"他"，这样来叙述好不好？

生：（齐）不好！

师：首先请回答，有没有认为改为"他"叙述更好的？

（学生沉寂）

师：一个都没有。那么，用"我"来叙述好在哪里？

（一位同学举手）这位同学，你先说。

生：第一人称可以把人物的情感表现得更真实。

师：其他同学有没有补充的？好，倒数第二排的那位同学。

生：用第一人称叙述这个故事，就像是亲身经历的一样，更真实。

师：让人觉得更加可亲。还有没有？后面那位同学，你来！

生：如果用第三人称写心理描写，就会显得很假。

师：也就是说，"我"要抒发的对叔叔的那种情感就会不自然。

师：大家对小说的理解都非常透彻。

黄老师要补充两点：第一，不是所有的内容都用第一人称好。有些内容，还是第三人称比较好。像《红楼梦》，就是第三人称。第三人称适合叙述比较复杂的故事，它是一种全知全能的视角，所有的事情都知道。用第一人称，有的事情，"我"不在场，就没办法写。你把《红楼梦》改成第一人称试试，（生笑）比较难。《水浒传》改成第一人称来写，也很难。第二，用第一人称可亲，情感真，它们各有各的优点。一般来说，写情感细腻的文章，还是第一人称比较好。

师：我们还忽视了另外一点：这个"我"，除了第一人称，还有什么样的特点、身份呢？

生：（齐）小孩。

师：对，"我"是一个孩子。这就很有意思。这是第一人称中特定的写作方法，叫儿童视角。用儿童的眼光去写社会、写生活，让人觉得尤其可信。你们学过的文章中,哪些用的是儿童视角?

生:(齐)《新月集》,泰戈尔的《新月集》。

师:你们说的是诗歌。我们这里还是先谈小说。

(学生沉寂)

你们怎么就想不起《孔乙己》呢?《孔乙己》中"我"是什么人?

生:(齐)小伙计。

师:有个小伙计坐在酒店里,冷静、真实、敏感地看待生活中的每一件事,既真实又细致。

师:一篇小说有很多读法,今天我们抓住一个角度,从情节入手读了这篇小说,读人物,读主题。这篇小说还有很多内容需要学习,如环境描写、细节方面、语言描写等,到初三时,老师还会和你们一起再学习。今天我们这节课就学习到这里。谢谢同学们,下课!

第三章

在阅读过程中教阅读

——共生阅读教学的基本方式

带着学生在文本的池塘里摸螺蛳
——阅读教学的师生共生

阅读教学的本质,就是教师带着学生一起阅读文本,在文本阅读中有所发现,让学生在阅读过程中学会阅读。教师怎么让学生学会阅读呢?不是靠阅读结论的传递,不是靠告诉式的文本讲解,不是靠各种资料的照搬,也不是靠阅读方法和秘笈的传授,而是教师自己首先对文本有比较透彻的阅读,在阅读中形成自己的感受和体验,形成自己的思考和见解,然后用自己的阅读感受和体验激活学生的阅读感受和体验,用自己的思考和见解激活学生的思考和见解,师生互相交流,互相碰撞,互相激活,互相丰富,形成活的阅读教学,在这样的活的阅读过程中培养学生的阅读能力,让学生学会阅读。这种共生方式的操作要领在于教师自己的读,把文本读"活",读出"我"来,并把自己读出来的东西变成教学内容,整合、设计为具体的可操作的教学活动。

在《阿房宫赋》的教学中,我主要采用的是师生共生的阅读教学方法。这堂课里,有好几处师生共生的阅读活动。一是将铺陈的部分压缩为一段话,留下关键词让学生根据课文填空,再根据所填的关键词到课文中找出对应具体的内容。在这个阅读活动和语言活动中,学生梳理了前一部分的内容和思路,基本认识了赋"铺采摛文"的特点。二是配乐朗读了课文。我主张阅读教学尽量少用非语文的手段,但不是绝对排斥,如果需要,如果对学生的阅读有帮助,我也会用。我通过配乐的朗读,让学生充分感受赋"铺采摛文"的特点及其表现效果,然后再指导学生读出赋"铺采摛文"的语言特点。这也是共生,是感受和体验的共生。三是替换了文章结尾，让学生比较差异。一方面，从语言、内容、结构等认识原文的内在逻辑，理解作者的主旨所在；另一方面，也是立足现实让学生认识学习课文的现实意义。四是让学生用三个字概括文章的思路和内容，由一篇文章到一段话，再由一段话到三个关键词。

  从教学实践看，教学意图基本上都能得到实现，教学效果比较理想。而这一切主要得益于几个共生阅读活动的组织。而之所以能够成功地设计和组织这一系列的教学活动，是因为我自己对文本反复、深入地阅读，读出了自己的感受，读出了自己的理解，读出了自己的发现。

阅读伙伴常常是阅读的向导
——阅读教学的生生共生

皮亚杰认为,最有益的社会互动发生在具有社会性对称(知识、权利)的同伴之间。其实,不仅语言学习,阅读写作也是如此。所以,共生阅读教学特别强调教学现场的教学价值。所谓生生共生阅读教学,就是在教学中充分发挥"伙伴效应"的积极作用,充分利用学生自己的阅读感受和体验激活自己的阅读感受和体验,用学生自己的阅读思考和见解激活自己的思考和见解,用学生的阅读过程改善自己的阅读过程,生生之间互相交流,互相碰撞,互相激活,互相丰富,形成活的阅读学习,在这样的活的阅读过程中培养阅读能力,学会阅读。教学《孔乙己》这节课时,我主要采用的就是生生共生阅读的教学方法。

这堂课的教学是围绕孔乙己的手展开的。在聚焦手的阅读之前,我是从让学生交流阅读感受开始的。一方面是引导学生形成一个好的阅读习惯,读小说一定要关注人物特征性的描写。现在有很多同学,课文学了,一句话也记不住,小说读了,描写人物的话一句也说不出,只记住老师分析的那些结论。我这样做是为了纠正他们的阅读习惯。另一方面,就是让学生互相交流阅读的体验和感受,激活对人物的印象。聚焦到孔乙己的手之后,第一个共生活动就是品手。这里有发散的、发表个人见解的品读,每个人说说哪处手的描写最能表现人物性格;也有大家一起集中对"手"的品读。这是重点,也是难点。前面的自由品读,在教学安排上是为这里的品读作准备的。对"手"的品读,难度很大，要大家一起参加。开始时，同学们未必能够抓住关键，但会在共生的过程中不断深入。第二个共生活动就是每人选一处写手。这其实是在和作者共生，交流的过程就是学生之间的共生。有的同学写得好，对其他同学有启发；有的同学写得不好，其他同学可以帮助他提升。而在这个共生的过程中，对人物的理解深化了，对小说的理解深刻了。第三个共生活动是大家一起写孔乙己死的场景。这是一个重点的共生阅读活动。这不是哪一个同学完成的，而是大家一起共同完成的。什么时间？什么地点？什么动作？手里拿什么东西？同学们一起思考，互相补充，终于完成了对这个场景的再现。最后的碑文写作，也是一个共生的语言活动。这里躺着一个什么样的人呢？开始的回答，大多会比较简单，甚至幼稚，如爱读书的、爱喝酒的、穷困的，但在交流中会不断深化，更加丰富。这就是生生共生阅读的效果。

阅读就是言和意的交往

——阅读教学的言意共生

可以说，在语文教学的种种关系和矛盾中，言和意是最基本的关系，也是最基本的矛盾。所谓"言"，是指言语的材料和言语的方式；所谓"意"，是指言语的内容和言语的目的。而阅读，某种意义上就是因言得意、因意悟言的过程。语文教学的本质就是言语活动，没有言的语文教学，就失去了学科价值；同样，没有了意的语文教学，也就不复存在，充其量是一堆零散的语言材料或所谓的语言知识。抓住了言意这对矛盾，就抓住了语文教学的根本；实现言意之间的共生，是阅读教学的基本追求，也是共生阅读教学的基本方式。

考察阅读教学的现状，在处理言意关系这对矛盾时，主要存在这样一些问题。

1. 轻"言"重"意"。我们看到的阅读教学，有不少就是为了弄明白文本和作者要表达的思想内容。花几节课的时间，就是为了理解文章先写什么后写什么再写什么，全文写了什么。即使所谓的语言品味，也就是知道作者这样写是为了表达什么样的思想内容。时至今日，不少教师的阅读教学仍是将弄懂文章内容作为教学的主要任务，甚至是全部任务。现代文阅读，常常是集中精力于分析所谓主题思想或微言大义，而对于作者用什么样的语言和言说方式来表达思想感情却关注不多，或者说对如何从具体的语言中读出作者的思想感情关注不多。对一些关键词句，常常能够分析出一层又一层的深刻含义，而对于文本为什么有这样多的内涵，即作者用什么样的言语方式表达出这样丰富的含义，或者说这样的言语方式何以有这样多的丰富内涵关注不多，至少不够到位。古诗欣赏中，这样的问题也比较普遍。

2. "言"不及"意"。与前一种做法相反的是"言"不及"意"。有些教师的阅读教学看起来都是在语言上下功夫，但遗憾的是，对语言的关注却没有指向文章的意。所以从某种意义上说，这里的"言"只是语言学上的"语言"，而不是语言运用中的"言语"，或者说不是语文教学的"语言"。文言文教学中，这个问题尤其突出。很多教师的文言文教学，唯一的目的就是让学生能够"字字落实"地进行翻译，其他则一概不管。而所谓翻译，充其量是"义"，而不是"意"。更有甚者，文言文教学的重点就是讲古汉语知识，如名词动化、名词状语、使动用法、意动用法、宾语前置、主谓倒装。如果说前一种情况是只有"言"没有"文"，而这一种就是只有古汉语知识，连"言"本身都没有了。而对于作者用这样的"言"表达什么样的思想感情，为什么会用这样的"言"，或者说这样的"言"何以能表达这样的思想感情则丝毫不予关注。诗歌教学中，这样的问题也很严重。看上去，似乎都是从语言入手去解读作者的思想感情和诗歌的内在蕴涵，但所入手的"言"基本都是所谓表现手法，多是语言知识和技巧概念。

3. 得"意"忘"言"。叶圣陶先生在《文艺作品的欣赏》中说："文字是一道桥梁。这边的桥堍站着读者，那边的桥堍站着作者。通过了这一道桥梁，读者才和作者会面。不但会面，并且了解作者的心情，和作者的心情相契合。"叶老的"桥"就是用来比喻文字。这个比喻说明欣赏文艺作品必须从文字入手，即从语言入手。但我们不能不注意到欣赏文艺作品和中学语文课的区别，和上中学生阅读课的区别。欣赏文艺作品，通过文字"了解作者的心情，和作者的心情相契合"可能是最主要的目的，甚至是唯一目的。但中学生学习语文则不一样。中学生不仅要"了解作者的心情，和作者的心情相契合"，对这个"桥"也不能放过，好好认识这座桥甚至是更主要的目的。而有些教师似乎并不知道这一点。语文课"得意忘言""过河忘桥"的情况比较严重。我到一些地方教学《孔乙己》，老师们告诉我，《孔乙己》他们已经教了。上课开始，我问同学们《孔乙己》学了吗？学了。学了几节课？三节课。可是，我让他们说说课文里的句子，说说体现孔乙己形象特征的句子，学生却是一句也说不出来，但对人物的分析，如"自命清高""好吃懒做""热衷科举""社会冷漠"却是头头是道。这大概是得意忘言的典型例子。教师带着学生由语言出发认识了人物的特征，解读了小说的主题（有些当然不是由语言入手的，是由结论到结论），可是却得了意、忘了言。我们承认，这样的教学比之于重意轻言、"言"不及"意"，无疑是要好多了。但阅读教学绝不是因言得意的简单过程，"言"也不仅仅是获得意的"桥"，其本身也是甚至是更重要的学习内容。

4. 得"意"忘"形"。所谓形，是指文章的呈现形式，最主要的是指文章的内部联系，即段与段之间、各个部分之间，乃至句与句之间的相互关系，也包括表现方法等方面的内容。某种意义上说，"形"是言的一个方面，但又不完全是一回事。因为在很多教师看来，"言"就是遣词造句，就是相对狭义的语言。事实上，很多教师的阅读教学对遣词造句的"言"还是重视的，课堂中并不缺少语言品味这样的活动，说说喜欢哪个句子已经成为流行的教学环节，但对呈现形式方面的内容却关注很少。学生缺少对作文的结构能力、整体布局能力以及对文章进行整体把握的能力，不能很好地理解各部分之间的关系，与我们的阅读教学常常得"意"忘"形"是紧密联系的。

总之，阅读教学在处理言语关系时，突出的问题是顾此失彼、互相隔离，而不能实现言意之间的共生。

在共生阅读教学中，言意共生是最基本的方式。言意共生的阅读教学，意因言而得到更加充分的彰显，言因意而得到更加充分的感悟。在学习活动中，学生在言和意两个方面得到更加充分的体验，拥有更加丰富的经历和更加充实的收获。

那么，如何实现言意两者的共生呢？简单说，就是在言和意之间来来回回，达成言和意的真正而充分的共生。张志公先生认为，阅读教学就是教师带着学生在文本之间进进出出几个来回。我想，这里的"进出"，就是在言和意之间来回，就是实现言和意之间的共生状态。具体说，主要有这样两种方式。

1. 因言得意和因意悟言的多次往复。因言得意就是通过语言这座"桥"领悟作者要表达的意，但我们不能过河忘"桥"，不仅要借助桥过河，还要借助意来感悟这座桥的美妙之处。这不是一个简单的单向的过程，而是需要在桥上来来回回地走几趟，才能充分领悟作者的意，充分感悟到语言的妙处。教学《阿房宫赋》时，我就经历了这样一个过程。在检查学生预习情况和讨论学生预习中出现的问题之后，主要设计了这样几个环节：（1）我将课文压缩为一段短文，留空让学生填。（2）根据填空的词语，在原文中找出表现规模大、宫女多、耗费巨大和极其奢侈的句子，并明确"赋"的特点。（3）听教师配乐朗读课文，感受"赋"的表现效果。（4）抓住最后一段的关键词句解读作者"体物写志"的主旨所在。（5）用三个字概括文章的思路和主旨。这个教学过程就是因言得意和因意悟言多次往复的过程。第一个环节是将课文压缩为一段短文，留空让学生填，很显然是因言得意的活动。学生在空白处填进了适当的词语，就是对作者所写内容的理解和概括，就是对阿房宫中奢侈生活的直接认识。第二个环节是根据填空的词语在原文中找出表现规模大、宫女多、耗费巨大和极其奢侈的句子，并明确"赋"的特点，和第三个环节听教师配乐朗读课文，感受"赋"的表现效果，很显然是因意悟言的过程。明白了作者从哪些方面写阿房宫中的奢侈生活，再阅读课文看看作者如何写出规模之大、宫女之多、耗费巨大和极其奢侈的生活，并听课文配乐朗读，感受赋这种表现手法、语言形式的独特表现效果和语言魅力，这便是由意悟言。没有对作者意的理解，就不能充分感受到这种语言形式的效果。第四个环节，抓住最后一段中反复出现的关键词句解读作者"体物写志"的主旨所在，这又是由对言的品味而深入进行意的解读。当然，这个意不是前面意的简单重复，而是进一步深化的解读。第五个环节是用三个字概括文章的思路和主旨，又是因意悟言的活动。同样，这个悟言的活动，不是前面活动的简单重复，而是着眼于全文的结构和思路来感悟文章的语言形式和结构的精妙。就这样，在言和意之间的几个进出、几个来回，对这篇经典的"千古一赋"有了比较深入的解读和欣赏，不仅多层次地理解了意，也多层次地感悟了言。或许正因为如此，这节课才得到许多老师的肯定和鼓励。

2. 悟言会意和得意品言的互相融合。许多文本的语言具有鲜明的个性特点，阅读教学中，我们首先要带领学生好好感悟文本语言，并在感悟语言特点和风格的过程中领会作者要表达的意，在领会了作者的意之后进一步品味文本的语言，实现悟言会意和得意品言的高度融合。我教学的《葡萄月令》是一个比较典型的例子。这篇文章可以说是汪曾祺散文风格的代表，淡而有味的语言，简单而富有变化的结构，说明文的内容，诗一样的语言。但大多数中学生并不喜欢这篇散文，因为他们不喜欢这样的语言风格，难以感受到这种语言的魅力，只见其"淡"，难感其"味"，只看到简单，而看不到变化。针对这种情况，我的教学是这样安排的：（1）指名同学诵读课文中的段落，要求读出"汪氏语体"平淡、朴实、自然的特点，其他同学评点。（2）学生仔细阅读文本，说说平淡、朴实、自然又淡而有味的语言特点表现在哪些方面（助词多，短句多，拟人多，比喻多等）。（3）学生在忠实原文内容的基础上把文章缩写成一段短文，力求最短（葡萄一月在窖，二月出窖，三月上架，四月五月六月浇水喷药打梢掐须，五月中下旬开花，七月膨大，八月着色，九月十月自然生长，十一月下架，十一月十二月葡萄入窖）。（4）讨论什么样的人才能写出《葡萄月令》这样的文章（熟悉葡萄，有文学才华，有丰富的精神世界，热爱生活，恬淡豁达等）。（5）根据课文，用一个比喻来形容汪曾祺与葡萄的关系，并从文中找出具体依据。看上去，前面三个环节都在感悟文本语言的特点，但并不是单纯的语言感悟，而是在感悟语言中感悟作者这个人，即感悟语言背后的意。后面两个环节似乎都在品读作者，解读文本中的这个人，但又都没有离开对文本语言的感悟和品读。讨论什么样的人才能写出《葡萄月令》这样的文章，其用意是从不同层次读作者，而其落脚点却在语言上。最后一个环节则完全是把语言和作者融合到一起，既是读人（意），也是读文（言）。

案例 3

《出师表》

师：今天我们上课的题目是？

生：出——师——表。

师：之前课文都看了吗？

生：看了。

师：有没有同学课文看过并背过了？

生：有。

师：那我指定一个段落你们背背看？"宫中府中，俱为一体……"

生："宫中府中，俱为一体；陟罚臧否，不宜异同。若有作奸犯科及为忠善者，宜付有司论其刑赏，以昭陛下平明之理；不宜偏私，使内外异法也。"

师：下面我说前半句，你们接后半句，可以吗？"受任于败军之际……"

生："奉命于危难之间。"

师："诚宜开张圣听……"

生："以光先帝遗德，恢弘志士之气，不宜妄自菲薄，引喻失义，以塞忠谏之路也。"

师：很好。学文言文一个很重要的经验，就是多背一点好文章。现在我们来看题目，出师表的"出师"是什么意思？

生："出师"就是出征的意思。

师：是谁要出征？

生：诸葛亮。

师：诸葛亮出征去打谁？

生：打曹贼。

师：打曹贼……，看来你们的立场都是站在刘家这边的，对不对？其实，对于我们来讲，三国一样都是为了国家而战。下面我们来看题目的第三个字——表。哪个同学知道"表"是什么意思？

生："表"是一种文体。

师：是一种什么样的文体？

生：一种写给皇帝看的文体。

师：是什么人写给皇帝看的？

生：是臣子写给皇帝看的。

师：对，表是一种文体，是奏章的一种类型，是大臣写给君主看的。我们这篇课文的大臣是谁？

生：诸葛亮。

师：君王是谁？

生：刘禅。

师：对。那么，我们读这篇课文，首先来看看诸葛亮是个什么样的大臣？

生：我印象中的诸葛亮是个忠臣。因为他21年来辅佐着刘备和他的儿子刘禅，想要帮他们完成统一的大业。

师：那么，我们从课文中的哪些段落可以看出诸葛亮是个忠臣？

生：第六段到第七段。从他所写的内容可以判定。

师：那么，哪个句子可以具体看出他是个忠臣？

生："受命以来，夙夜忧叹，恐托付不效，以伤先帝之明；故五月渡泸，深入不毛。"这表现了他想要完成刘备交给他的遗命，并为之奋斗。

师：好的。我们读课文要注意它的注释和评注，来看一下教材上的第一处评注——从形势危急落笔，激励后主继承遗德，发愤图强。这里写的是当时的背景。下一处评点中有四个字——劝勉之一。是劝刘禅干什么？

生：开张圣听。

师：第二处劝他干什么？

生：赏罚公平。

师：第三处劝他干什么？

生：亲贤远佞。

师：所以，哪一个评注告诉我们诸葛亮是忠臣？

生："表明鞠躬尽瘁、兴复汉室的心迹，激励后主自立自强"这一处。

师："鞠躬尽瘁"是什么意思？

生：表明他竭尽忠心。

师：大家注意，今后读书评注不可放过。除了刚刚那一句，还有没有其他句子表明他的忠心？

生："庶竭驽钝，攘除奸凶。"

师：是啊。尤其是哪个词？

生：庶竭驽钝。

师："庶竭驽钝"是什么意思啊？你来翻译一下，"庶"是什么意思？

生："庶"表示希望。

师："庶"是希望吗？我觉得是又不是。如果要说是希望的话，后面应该补充一个内容——希望谁？

生：自己。

师："希望我自己"，非常好。希望自己怎么样？

生：竭尽。

师：对，"驽钝"是什么意思啊？

生：自己的才能。

师：对，这句话既是谦虚的说法，又是比喻的说法。如果不说这是希望的话，我们就可以翻译为："一定"——我一定会竭尽我的才能。所以，这个句子也可以表现诸葛亮是个忠臣。批注非常明显地告诉我们：这一段写了诸葛亮鞠躬尽瘁、死而后已、忠于刘家。还有哪一段也能看出诸葛亮的忠心呢？

生：第六段。

师：那我们请一位同学来读一读第六段，其他同学看看从哪一个词能看出诸葛亮的忠心耿耿。

生：（齐读）"臣本布衣，躬耕于南阳，苟全性命于乱世，不求闻达于诸侯。先帝不以臣卑鄙，猥自枉屈，三顾臣于草庐之中，咨臣以当世之事，由是感激，遂许先帝以驱驰。后值倾覆，受任于败军之际，奉命于危难之间：尔来二十有一年矣。"

师：为什么这里的"尔来二十有一年矣"的"有"读 yòu？

生：因为这是个通假字。

师：对，是二十又一年的意思。下面我来问问大家，"先帝不以臣卑鄙"

的"卑鄙"是什么意思？与我们现在所说的"卑鄙"，意思相同吗？

生：不同。

师：对。现在"卑鄙"是形容一个人的品格低下，"先帝不以臣卑鄙"中的"卑鄙"是说地位低下。"先帝不以臣卑鄙"的"以"是什么意思？

生：因为。

师：刚刚有一个"以"是什么意思？

生：导致结果。

师：一个词不论是实词还是虚词，在文章中反复出现都应该注意。你觉得这一段哪个词句最能表现诸葛亮的忠心耿耿？

生："遂许先帝以驱驰。"

师："驱驰"是什么意思啊？

生：诸葛亮要为他效力。

师：好的，你认为这个句子最能表现他的忠心，像马一样为蜀汉竭尽自己的才能。其他同学呢？

生：最后一句"尔来二十有一年矣"，他坚持了21年。

师：说得更完整一点，不仅是坚持，而且是在一个特殊的环境中坚持，什么环境呢？

生：败兵之际。

师：对，如果是胜利的话很容易坚持，但他们非常弱小，经常打败仗，处在危难中，时间长达21年，且毫不动摇。这位同学说得很好，这句话不太容易看出"忠"来。"后值倾覆"中的"倾覆"是差一点就彻底失败。前一位女同学说了"驱驰"，这位同学告诉我们从"二十有一年矣"可以看出诸葛亮是一位忠诚的大臣。这篇文章是他出师之前写给君王的奏章。现在，大家将这段文字读一读，如果还有什么不理解的就提出来。"臣本布衣……"1、2。

生："臣本布衣，躬耕于南阳，苟全性命于乱世，不求闻达于诸侯。先帝不以臣卑鄙，猥自枉屈，三顾臣于草庐之中，咨臣以当世之事，由是感激，遂许先帝以驱驰。后值倾覆，受任于败军之际，奉命于危难之间，尔来二十有一年矣。先帝知臣谨慎，故临崩寄臣以大事也。受命以来，夙夜忧叹，恐托付不效，以伤先帝之明；故五月渡泸，深入不毛。今南方已定，兵甲已足，当奖率三军，北定中原，庶竭驽钝，攘除奸凶，兴复汉室，还于旧都。此臣所以报先帝而忠陛下之职分也。至于斟酌损益，进尽忠言，则攸之、祎、允之任也。"

师：还有问题吗？没有的话，我有问题。我们还是先看看"以"，之前"先帝不以臣卑鄙"中的"以"是什么意思？

生：因为。

师：能翻译成"由于"吗？觉得不能的举手。大家都很犹豫，说明大家的心里是矛盾的。其实是可以的，这个"以"表原因，翻译为"由于""因为"都行。"咨臣以当世之事"中的"以"是什么意思？

生：用。

师：用什么、拿什么事情来问我。"遂许先帝以驱驰"中的"以"是什么意思？

生：连词表目的。

师：表目的一般翻译为"来"。我们大家一起翻译一下这个句子：于是，我答应先帝来奔走效力。大家觉得这是表目的吗？想一下，这到底是什么意思？

生：表修饰。

师：看来这个词确实有些难理解，你们课后可以再讨论一下。我认为这是引出答应的内容，用什么答应他、答应他什么。翻译过来就是：我于是答应先帝愿意为他奔走。"故临崩寄臣以大事也"，这个"以"是什么意思？

生：把。

师：对。我们除了要关注这个虚词"以"，还需要关注的问题是什么呢？——这两段都是写诸葛亮的忠诚，那这两段写"忠"的角度有什么不同？有没有同学能看出来？好，这位女同学。

生：我觉得第六段忠的对象是刘邦，是刘邦还在世的时候……

师：是刘邦？

生：刘备。

师：同学们注意了，前面一段主要是刘备还在世的时候。后面一段呢？

生：后面一段是为了刘禅，要帮他一起治国。

师：我明白了，你是抓住了"此臣所以报先帝而忠陛下之职分也"这个句子。我先考你们一下，这个"所以"是什么意思？

生：原因。

师：这个"所以"是原因，"这就是我什么什么的原因"。有没有同学有不同的理解？这两位同学认为是什么？

生：用来。

师：用来，好的，那就把它放到句子里来看看，用两种不同的翻译比较一下，看看哪一个更好。"这就是我用来报答先帝而忠诚于陛下您的职分。""这就是我报答先帝并忠诚于陛下的职分的原因。"你们觉得"用来报答您的"，还是"什么什么的原因"好？

生：用来。

师：所以一开始你们感觉错了，刚才这位同学感觉特别好，第七段告诉我们，他"忠"主要是忠于谁？

生：刘禅。

师：用文中的话说是谁？

生：陛下。

师：前面一段主要是表白他忠于谁？

生：先帝。

师：对呀，这就对了。刚才我们比较细致地读出了诸葛亮是一个忠臣，《出师表》是一个鞠躬尽瘁的忠臣写给君主的一篇奏章。但是，很多人读了以后，觉得这不仅是一个忠臣写给一个君主的奏章，还读出了诸葛亮的另外一重身份。诸葛亮在这里不仅是一个大臣，还有另外一个什么身份？

生：相父。

师：你说说相父是什么意思？

生：是指刘备死后，诸葛亮对刘禅很照顾，刘禅把他称为相父。

师：你们是从哪里看出来的？

生：课外资料。

师：是的，有资料说刘禅把诸葛亮当作相父。相是什么的相？

生：丞相。

师：丞相的相，父呢？

生：父亲的父。

师：在《三国志·诸葛亮传》里记录了刘备临死的时候对刘禅说的一段话："汝与丞相从事，当事之如父。"他告诉刘禅对待诸葛亮，要像对待什么人一样？

生：父亲。

师：这个课外资料能帮助我们，启发我们，但不能作为根据。你能从课文里读出诸葛亮像父亲一样对待后主刘禅吗？

生：第八段。

师：第八段，读一读看，说说你的根据是什么。

生："愿陛下托臣以讨贼兴复之效，不效，则治臣之罪，以告先帝之灵。若无兴德之言，则责攸之、祎、允等之慢，以彰其咎；陛下亦宜自谋，以咨诹善道，察纳雅言，深追先帝遗诏。臣不胜受恩感激。"

师：好的，你从哪个句子里读出诸葛亮像个父亲的？

生："陛下亦宜自谋。"

师：把这句话翻译一下试试。

生：陛下也应自行谋划。

师："你要多动脑筋，不要依赖别人。"好的。

生："陛下亦宜自谋，以咨诹善道，察纳雅言，深追先帝遗诏。"

师：你从这里是怎么读出他像父亲的，这里又怎么说他像父亲呢？

生：这些话就像父亲说给儿子的一样。

师：就像父亲跟儿子说话一样的感情和口气，是这个意思吧？大家觉得有没有道理啊？我觉得有点道理。"愿陛下托臣以讨贼兴复之效"，我们学习文言文，要考究一些字词的意思。这个"以"，是什么意思？

生：把。

师："托臣以讨贼兴复之效"，这个"效"是什么意思？和前面的"效"，意思相同吗？

生：不同。

师："托臣以讨贼兴复之效"的"效"是什么意思？（生：任务）"不效则治臣之罪"的"效"什么意思？（生：效果）"以告先帝之灵"，这个"以"是什么意思？

生：目的。

师：对了，这个就是目的。目的是为了什么？告慰先帝。非常好，从这里我们可以读出，诸葛亮还有父亲的一个角色。诸葛亮写这篇《出师表》，除了是一个忠臣的角色，还是一个父亲的角色。如果是父亲，这个信是写给谁的？

生：儿子。

师：有人读《出师表》，还读出了诸葛亮的第三重角色。我们班有没有同学读出来了？这个比较难，刚才是因为你们看了课外资料受到启发，然后再从课文里去体会这个角色，我觉得也很好。有没有同学自己能从文章里发现诸葛亮的第三重身份和角色？有没有？这位同学，你读出了什么样的角色？

生：我读出诸葛亮还是一个谋士。

师：还是一个谋士，我觉得诸葛亮本来就是谋士，这个大家肯定都同意。通篇肯定都体现了他是一个谋士。具体说说，你从哪里看出来他是一个谋士的？

生："亲贤臣，远小人，此先汉所以兴隆也"，诸葛亮告诫刘禅要亲近贤臣，远离小人。

师：这里的"所以"是什么意思？这是先汉兴隆的原因，他用历史教训告诫刘禅要亲贤臣。这是一个谋士，很好。通篇都能体现他是一个非常尽职尽责的谋臣。有没有同学还能从书本上读出诸葛亮的其他角色？（生举手）你还读出了诸葛亮的哪种角色？

生：我还读出他是一个老师一样的人。

师：是个像老师一样的人？你的意思是，诸葛亮在这里不仅是个忠臣，是个相父，而且还是个老师。如果是老师，就是写给谁的？写给学生的，对不对？你从课文哪个地方读出诸葛亮像个老师的？

生：他整篇文章都在教刘禅怎么对待部下，怎么治理国家，我觉得他很像老师。

师：一直在指导他，矫正他，教他怎样治理国家，对不对？我认为这位同学的感觉很好。我们可以在这位同学的启发下，抓住具体的句子理解课文。

现在我们一起来朗读、思考，哪些句子体现了诸葛亮像老师？哪个词尤其表现得像老师？这位同学，你读出来了吗？

生：第二段中写道："宜付有司论其刑赏，以昭陛下平明之理，不宜偏私，使内外异法也。"这里是一处细节，是他在教刘禅应该明赏罚。

师：好的，这位同学，你能读读这段话吗？这位同学读的时候，同学们首先要用心理解这段话的内容，然后捕捉一个词。这个词是只有老师才会说出来的，作为大臣则不能这么说，这样我们就能更深入地理解这篇文章了。

（生读第二段）

师：同学们有没有听出来哪个词像用老师的口吻说出来的呢？

生：我认为是"不宜"。

师：噢，"不宜"，这个词该怎么翻译呢？

生：是不应当、不应该的意思。

师：对。和"不宜"相对的是什么词？

生："宜"。

师：那么，同学们圈画一下，这里有几个"宜"、几个"不宜"？

生：有两个"不宜"和一个"宜"。

师：是的，那么"宜"的意思就是"应该"，对吗？同学们思考一下，如果是一位大臣在跟君王说话，能不能说君王"应该"做什么、"不应该"怎么做？

生：不能。

师：不能，对吧？所以，只有什么人才会经常这么说？

生：老师会这么说。

师：对。这就是一个很好的例子，回答问题的同学首先抓住了语言细节，也就是"宜"和"不宜"。其实，下面的三、四两段，虽然表述得稍显含蓄，但也有这样的潜台词。下面老师对你们提一个比较高的要求：第二段直白地写出了"宜""不宜"，三、四段本来也应该有这两个词的，但是诸葛亮并没有写出来，你们觉得应该在什么地方补上"宜"或"不宜"呢？

（师读三、四段）

师：现在哪位同学能说说自己的看法？好，这位同学说第三段吧。我先来考考你："是以先帝简拔以遗陛下"中的"是以"是什么意思？

生：我觉得"是以"是"这是"的意思。整句话的意思就是，"这些（善良、诚实的人）是先帝选拔出来，留下来给陛下您的"。

师：大家来感受一下这个翻译合不合适。那边的那位同学，你为什么觉得不对呢？

生：我觉得这里是一个宾语前置的用法，应该翻译成"以是"，"因为这些原因"。

师：噢，好的。现在同学们比较一下这两种翻译方法：一种翻译是，这是先帝选拔出来留给您的；还有一种翻译是，由于他们有如此的品质，所以先帝选拔出来留给您。哪种翻译方法更准确些？

生：（齐）后面一种。

师：使用第一种翻译方法的同学，你现在觉得呢？

生：后一种翻译更好。

师：非常好，这样翻译确实可以使文章前后意思更为连贯。所以，在品读过程中，也要注意调整自己理解的方式。那么，你觉得哪个地方可以补一个"宜"？

生："愚以为宫中之事，事无大小，悉以咨之"中"悉"的前面。

师："宜悉以咨之"，翻译过来就是：我认为宫中的事务，无论大小，都应该拿来问问他们。对吧？补在这里，是很有道理的。那请这位同学来读读第四段，我再来问大家两个问题。"悉以咨之，必能使行阵和睦，优劣得所"中的"和睦"，和我们现在说的这个词的意思相同吗？

生：不同。

师：我们现在说的"和睦"指的是什么？

生：关系很和睦。

师：对，人与人的关系好。那这个"和睦"是什么意思？

生：应该是军队行列整齐有序。

师：对了，就是部队整齐划一、听从号令、有秩序。同学们注意注释中有一些提示，当我们解释陌生词语的时候，不仅要看注释，还要自己分析。那这里的"宜"，该放在哪里？

生:"悉以咨之"的前面。

师:嗯,也是"悉"的前面。"宜悉以咨之",应该都用来向他们咨询。大家看,刚才我们不仅读出了诸葛亮是个忠臣,是个父亲,而且还读出了他是个老师。非常好。诸葛亮的这三重身份是不是分开的呢?是不是第一到第三段主要写他像老师,告诉刘禅应该怎样;第六、七段主要表现他是个忠臣;第八段表现他像个父亲。是这样吗?

生:不是。

师:对,不是简单分开的。同学们能从哪个句子里读出来诸葛亮既是个老师,又是个忠臣,也是个父亲的?

生:第五段中的"侍中、尚书、长史、参军,此悉贞良死节之臣,愿陛下亲之信之,则汉室之隆,可计日而待也"。首先,"此悉贞良死节之臣"体现了诸葛亮是老师一样的人物;接着,"汉室之隆,可计日而待也"体现了他是个忠臣。

师:对。前一句是对人的认识和判断,说他们是什么样的人;后一句是从国家君臣的角度来说他们的重要。

生:还有"愿陛下亲之信之",像父亲的口吻。

师:嗯,"愿"就是"我希望你"信任他,又有一点父亲的味道了。这位同学分析得很有道理。我们刚才说过了,"宜"和"愿"更多地表现了他老师的身份,所以我觉得这里表现了父亲和老师身份的融合,但更多的是老师的口气。好的,我们再来听听这位同学的看法。你觉得呢?

生:我觉得是"诚宜开张圣听,以光先帝遗德,恢弘志士之气,不宜妄自菲薄,引喻失义,以塞忠谏之路也"。

师:好,你能分析一下吗?

生:"诚宜开张圣听"像相父说的话,担任父亲的角色;"以光先帝遗德,恢弘志士之气"及后面的句子是老师给学生的建议,指导他该怎么做。"以光先帝遗德,恢弘志士之气,不宜妄自菲薄,引喻失义,以塞忠谏之路也",是老师给自己的学生讲这件事该怎么做。

师:很好。这个要求有点为难大家了。大家有没有发现,父亲和老师说话的口气很相近。一个大臣的口气,更多的是恭敬;一个老师的口气,更多的是要求和指导；一个父亲，虽然更多的是感情，但也会有要求。所以，很多同学认为一些话既是作为父亲的身份说的也是作为老师的身份说的，这是可以理解的。

我觉得第八段应该也是很典型的三种身份的融合。那么，黄老师把这一段给大家读一读，并且翻译一下，请大家作一个简要分析，说说你们对这三种身份的融合的理解。

"愿陛下托臣以讨贼兴复之效"，希望陛下能够把讨伐曹魏、兴复汉室的任务托付给我。"不效，则治臣之罪，以告先帝之灵"，如果没有成功，就惩治我的罪过，（从而）用来告慰先帝的在天之灵。"若无兴德之言，则责攸之、祎、允等之慢，以彰其咎"，如果没有振兴圣德的建议，就责罚郭攸之、费祎、董允等人的怠慢，来揭示他们的过失。"陛下亦宜自谋，以咨诹善道，察纳雅言，深追先帝遗诏。臣不胜受恩感激"，陛下也应自行谋划，征求、询问治国的好道理，采纳正确的言论，深切追念先帝临终留下的教诲。

哪个同学说一说你从这一段哪个词句中读出了父亲的感情？从哪个词句中读出了老师的角色？从哪个词句中读出了大臣的衷心？——有请那边的那位女同学。

生："愿陛下托臣以讨贼兴复之效，不效，则治臣之罪，以告先帝之灵"，我感觉这句话是忠臣的角色。

师：对的，你把这个重大的任务交给"我"，如果没有成功，你就惩罚"我"。衷心可鉴。还有呢？

生："陛下亦宜自谋，以咨诹善道，察纳雅言，深追先帝遗诏"，这应该是老师和相父角色的融合。

师：这是老师和相父角色的融合，是不是？最后说"臣不胜受恩感激"，这明显就是大臣的口气。"不胜""受恩""感激"，写出了大臣的小心翼翼，态度很诚恳。总的来说，从《出师表》中读出一个忠臣诸葛亮是不难的。读出诸葛亮的三种身份，要求就比较高了。这篇文章是写给那个既是君王又是儿子和学生的人的，他叫什么名字？

生：刘禅。

师：刘禅是历史上一个很有名的君王，你能从诸葛亮的言辞中读出刘禅是个什么样的君王吗？你来说——

生：第八段，"陛下亦宜自谋，以咨诹善道，察纳雅言，深追先帝遗诏"，说明刘禅平时是个不喜欢动脑筋的人。

师：你从"亦宜自谋"中读出他是个不喜欢动脑筋的人，你的理解能力真的很强。这位同学从字里行间读出了一个不动脑筋的刘禅。其他同学呢？来，这位同学，你读出了一个怎样的刘禅？

生：刘禅是个偏向宫中的人。

师：你是从哪里读出来的？

生：第二段"宫中府中，俱为一体；陟罚臧否，不宜异同"。

师：对，看看书下注释中"陟罚臧否"是什么意思？陟：提升，提拔。罚：惩罚。臧否：善恶，这里形容词用作动词。意思是"评论人物的好坏不能有不同"。可以看出刘禅平时偏向于宫中，赏罚不分明，而且不动脑筋。是吧？

师：好，这位同学，你来说说你读出了一个怎样的刘禅。

生：不善用才的人。

师：就是用人有问题，用人不是很明察，看人不准，用人不当。很好。我估计同学们再读下去还能读出更多的刘禅的具体行为表现和特点。总而言之，我们可以看出，刘禅作为一个君主，是让人不放心的。所以，诸葛亮出师之前，很不放心，写了这篇《出师表》。可以从哪个句子看出诸葛亮不放心？

生：我觉得可以从"臣不胜受恩感激"看出诸葛亮的不放心。

师："我"实在是太感激你了，所以不放心？

生：刘禅按照诸葛亮的话做，诸葛亮就感激他了。

师：其他同学呢？有没有不同意见？好，这位同学。

生：从最后一段的"临表涕零"。

师：好的。现在有三种意见，你们倾向于哪种？（绝大多数同学同意第三种意见）是的，"临表涕零"。现在，我们大家把最后一段读一读，看看能不能理解诸葛亮作为一个大臣、一个父亲、一个老师为什么不放心。

生："今当远离，临表涕零，不知所言。"

师："临表涕零"中的"表"是指什么？是出师表？你们觉得"临表"时哪个地方泪流得最多？为什么写这么长还不知所言？他想言什么？下面我来读

一读:"今当远离,临表涕零,不知所言。"

生:第六段。

师:好,你读一读。

(生读第六段)

师:你们的眼泪流下来了吗?没有?苏轼曾说过一句话,"读诸葛孔明《出师表》而不堕泪者,其人必不忠",所以我们课后回到家还是要多读几遍,看能不能读出眼泪来。当然,我们不是诸葛亮,距离那个时代很远,距离那种人际关系也很远。我觉得这位同学说得非常有道理。他写到这里,回忆起当年与先帝一起的时候,写着写着,于是眼泪就出来了。

下面我们来看"不知所言"。他为什么会"不知所言"呢?如果让他言,他又会言什么呢?

生:更多的东西。

师:就是还没有全写完,是这个意思吗?好的,这是一种理解。但是大家来想一想,一般我们说不知所言,是不是没说完的意思?

生:不是。

师:那你认为是什么?

生:是因为他写《出师表》时情绪激动,所以"临表涕零,不知所言"。

师:情绪激动,所以不知道该说什么,也不知道说了什么。好的,这是另外一种理解。刚才也有同学说是因为内容太多,没有写完,那你的理解呢?

生:作为父亲,他对刘禅感情深重,所以在走的时候,不知道该说些什么来表达自己的感情。

师:哦,这是第三种理解。情绪问题、内容问题、情感问题,还有什么角度?

生:我觉得有可能是因为刘禅不负责任,但诸葛亮也不知道该说些什么。

(全场笑)

师:这个有没有道理呢?面对这么一个傻儿子,实在不知道该讲些什么。大家的理解各有不同的角度,但都有道理。

但是不知所言也是要言的,现在我让大家切身体会一下,请你们选择一个身份,要么以大臣的口气,要么以父亲的口气,要么以老师的口气,对这个

第三章 在阅读过程中教阅读

愚钝的君主、傻儿子说一句话。想想，你们会怎么说？

生：我要以忠臣的身份来说。

师：好的，说说看。

生："陛下，我会竭尽我平生所能辅佐你统一汉室，走向更美好的明天。"

师：挺好的，首先好在称呼上。用忠臣的口气说第一句话时，用了"陛下"，这就对了。然后，后面用了"我"，这就不太好了，应该是什么？（学生：臣）"陛下，臣会竭尽所能，鞠躬尽瘁"，这就非常好了。但是后半句却不太妥，"走向更美好的明天"，太现代了，不像诸葛亮，应该是"振兴汉室，平定天下"，是这样的吧？很好。那么，大家想一想，如果用父亲的语气来说，会怎么样？如果用老师的语气呢？有没有同学能用后面两种语气分别来说一句话？

生："刘禅同学，我现在要出师北伐了，你在这边要学会治国之道，广纳贤言，任用贤臣，成为一代明君。"

师：非常好，像个老师。有没有同学用父亲的口气来说的？

生："儿啊，你要谨遵我的教诲，不然我死也不会瞑目啊！"

（全场笑）

师：好的，这个"我死也不会瞑目"尤其好。其他同学有没有想说的？

生：我想用父亲的语气来说。"儿啊，你一定要聪明一点，长个心眼，看清身边的人是对你好还是不好。"

师：就是要知人善任，对不对？那你呢，想用什么口气来说？

生：老师。"刘禅，我继承你父亲的衣钵在外拼搏20余年，有这么多的将领追随我们，你一定要励精图治，发愤图强，不要辜负我们对你的期望。"

师：说得很好。但是诸葛亮"继承衣钵"了吗？（生：没有）是啊，诸葛亮没有继承刘备的衣钵，刘备临死对诸葛亮说，刘禅不行，你就自己称帝，但诸葛亮没有，这也可以看出诸葛亮的忠。但不管怎样，这位同学还是说出了诸葛亮的一片忠诚。

是的，诸葛亮，忠心耿耿，辅佐汉室，成为千古佳话。一篇《出师表》，从古读到今；一片老臣心，千古说不尽。同学们对诸葛亮的三重角色，都有了自己比较深入的理解。这三种角色，互相纠合，情感复杂，内容丰富，大家一定要好好读，慢慢读，还会有新的发现。好，下课，谢谢各位同学。

第四章

写作并不是一个人的事
——共生写作教学的基本方式

成为学生的写作伙伴
——师生共生写作

所谓师生共生写作,就是老师和学生一起写作文。

有些家长问我:孩子不会写作怎么办?我说:让他读书。家长问我:孩子不肯读书怎么办?我说:你和他一起读。家长问我:读了书,孩子还不会写怎么办?我说:让他读书以后讲给你听。家长问我:孩子不肯讲怎么办?我说:你和他一起讲。家长和孩子一起读书,很少有孩子不喜欢读书;家长和孩子一起讲故事,很少有孩子不喜欢讲故事;家长和孩子一起讲故事,很少有孩子不会写作文。师生共生写作,就是老师和学生一起写作文,就是老师和学生一起讲故事。

师生共生写作教学,就是教师参与学生的写作过程,学生参与教师的写作过程。我经常进行这样的写作活动。我执教的"用'感激'唤醒'感动'",就是一节比较典型的师生共生写作教学课。

学生写作"感动"这个题目遇到障碍,问题出在他们没有感动。怎么办?讲讲写作要关注生活的道理,讲讲做人要懂得感激的道理都是容易的,但往往没有什么效果。我的办法是讲自己的故事,讲自己的写作困惑,让学生参与到我的写作中来。先是让学生为我的材料确定主题;在学生思维停步不前时,我再谈自己的想法,使学生有所感悟;最后,顺势利导,归纳经验,讲评作文,引导学生"再度作文",以强化写作经验的积累。当然,还有很多的后续教学活动,比如学生进行自我共生的再写作,进行生生共生的相互交流和修改。遗憾的是，这些已经不再是这节课的内容，作为作文教学的课型，我们在这里不再具体叙述。

有人认为，师生共生写作教学，教师参与到学生写作的过程中是容易做到的，但要让学生参与教师的写作过程则不大现实。其理由，一是教师的写作话题并不适合学生，二是教师如果为"共生写作"而努力设置一些适合学生写作的话题和素材，并把它作为自己的写作素材，而不是自己真正需要写作的东西，是多此一举。我自己的大量实践和许多老师的探索都已证明，让学生参与教师的写作过程，和让教师参与学生的写作过程一样，都是可以做到的。不仅师生互相参与写作过程是可能的，师生一起参与第三方的写作活动也是可能的。要知道，学生参与"不是自己真正需要的写作"是一种常态的写作。这样做的成功案例非常多。

作文就是大家一起讲故事
——生生共生写作

所谓生生共生写作，简单说就是学生之间互相激活开展写作活动。

皮亚杰认为，最有益的社会互动发生在具有社会性对称（知识、权利）的同伴之间。语言学家早就发现，伙伴的语言对孩子语言学习的影响巨大，远远超过成年人，甚至超过学校的学习。所谓生生共生的写作教学，就是在教学中充分发挥"伙伴效应"的积极作用，充分利用学生自己的写作兴趣和写作欲望激活同伴的写作兴趣和写作欲望，用学生的写作感受和体验激活同伴的写作感受和体验，生生之间互相交流，互相激活，互相碰撞，互相丰富，在这样的活的写作过程中培养写作能力，学会写作。

我上过一节作文《风》的评讲课，就是一节生生共生写作课。这节课上，我不是自己说这篇文章好在哪里，不好在哪里；也不是让学生讨论这篇文章有什么优点，有什么缺点，而是努力让学生活动，让学生评，让学生讲，让学生说，让学生写，从多个层次让学生之间形成共生。一是对习作的总体评价，这是有些教师不够重视的环节。其实，充分展开习作评价的讨论，对提高写作能力是很有意义的。二是对习作问题的发现。这个活动的过程是先发散后聚焦。学生习作的问题常常不是单一的，即使某一个问题也会表现在多个方面，这就要聚焦。所谓聚焦，就是看到问题的关键，看到最主要的问题，明确现场要集中解决的问题。三是修改方向的确定，这是课堂的重心所在。找出问题容易，如何解决问题才是关键。特别要注意的是，这样的修改不是立足于把这篇文章改得怎么样，而是要学习借助这篇文章能够写出更好的文章，目的不是让这位同学知道文章怎么改，而是让大家知道文章应该怎么写。这个方向不是唯一的，必须是多向的，但又必须是有规定性的，既要由讨论的文章出发，又要紧扣这节课的教学内容。

这样的作文评讲课，目的不在于说明某篇习作好还是不好，而是借助于典型习作来讨论写作，思考写作，在这个过程中体验写作，经历写作，学会写作，获得写作的知识，积累写作的经验。

自身是最好的写作资源
——自我共生写作

从写作的角度讲，这是最有用也是最主要的共生写作课型。因为从某种意义上说，写作主要还是一种个人化的行为。一个人要写好文章，就要善于把自己的各种素材、好的作文以及不好的作文不断地进行优化和使用。很多教师和学生没有这种意识。不管文章好不好，一写就扔掉了；不管素材好不好，写一次就扔掉了。要培养学生有意识地把写好的、没写好的文章和素材进行再生利用，好的可以写出更好的文章，不好的可以把它写好。这对学生的写作是非常有用的。你看莫言的创作，写来写去，就是山东高密东北乡的故事。先写短篇，再写长篇，又改剧本，拍电影，然后还写散文，一点材料都不浪费。很多教师让学生对付中高考要准备很多材料，一个题目就要有一个材料，这可能吗？题目是无限的，好的材料总是有限的。我们强调，要强化学生把自己的素材用好、盘活，尤其是难得一遇的、非常个性化的材料，要充分利用。

所谓自我共生，就是借助自己的习作——成功的、不成功的，完整的、不完整的——写出新的习作。在这种发散式、连锁式、裂变式的写作活动和写作过程中感受写作、认识写作，提高写作能力和写作素养。它和所谓升格作文不同的是，并不追求后一次写出来的习作一定要比前一次好，它的价值在于经历写作过程，丰富写作体验，锻炼写作思维，感悟写作规律，不在写作结果，而在写作的过程。

我执教的"自我提升和再度作文",就是一节比较典型的自我共生写作教学课。

所谓再度作文,是我基于共生教学从学生写作的角度归纳出的一种写作方法,基本的形式是对同一个素材、同一个题目、同一个立意、同一个话题的多次写作。它和自我共生的作文教学方法是紧密联系的。所谓自我共生的作文教学,就是教给学生再度作文的基本理念,掌握再度写作的基本方法。

这节课一开始,我通过检查学生课前学习准备的情况,针对学生普遍存在的问题,明确告诉他们:有空,常看看自己过去的作文,是写好作文的一个很重要的途径。很多学生在文章写好之后从不再看,这对写作能力的提高非常有影响。有些教师只要求学生看老师的评语,很少要求学生常常看自己的习作。写就写了,一写就扔,从不再看,有什么意思呢?

教学过程的第一个活动是学生自我展示和介绍自己的习作。我本来的想法是先展示习作,再谈谈感受,然后说说写作过程、得意之处及写作困惑。可是没有同学愿意。本来这样的写作反思,也是自我共生的写作素养。一位同学主动介绍了自己的习作之后,我让她谈谈体会,她说是拼拼凑凑写出来的,但也不甘心这样贬义地表达。我充分肯定了这种把各种素材拼拼凑凑,或者说整合到一起的写作方法。其实,这种"拼拼凑凑"就是一种自我共生的写作。很多好的文章就是这样写出来的。

第二个活动是让学生用 3 分钟时间,再读自己认为成功的习作,找一个点进行修改。进行交流后,我和同学们强调,自己的练笔,自己的文章,别轻易扔了,要养成经常看自己的文章的好习惯。经常看看,就能发现不足,也能发现得意之处,更能产生新的写作冲动。这对培养写作兴趣和写作意识,提高写作能力和写作素养都很有意义。

第三个活动也是重点活动,就是尝试"再度写作"。某种意义上,前面的活动都在为这个重点活动作铺垫准备。可是,由于同学们平时可能还没有这样的意识,有些同学做得还不够好,基本上还是原来习作的修改,但也有同学做得很不错。如写《独自面对》的那位女同学,同样一个题目,文章主题调整了,文体改变了,选材也更换了。上次是议论文,这次是写记叙文了。上次是发议论多，这次是写一次独自骑自行车的经历，有点象征隐喻的意味，将独自骑车的经历和人的生活旅程联系在一起，对题目的理解，对材料的处理，无疑都要比以前好。——其实，即使这一次写得没有前一次好，在这样的再度作文写作过程中，她也会收获很多。

借别人的树开自己的花

——他者共生写作

所谓他者共生,就是借助别人的文章(可以是好的,也可以是并不精彩并不优秀的;可以是名家的,也可以是普通人的)写出自己的文章。这和借鉴模仿有一定的联系,但又有本质的不同。借鉴模仿,是围绕某一个点、某一个方面进行学习。学习《白杨礼赞》,可以借鉴它的结构;学习《师说》,可以借鉴它的对比论证。被模仿、被借鉴的都是成功的习作或作品(至少被模仿的某一方面是成功的)。共生写作则不一定立足于一个点,而是发散式的,甚至是模糊的,有时候就是受到启发,而且不一定是学习模仿,可以是对别人的写作予以否定和推翻,被借助的习作或作品也不一定是优秀成功的,甚至是不成功的,只是由它生发出自己的写作欲望。

我执教的"在别人的树上开自己的花"就是比较典型的他者共生写作教学课。

这节课主要是借一位学生的习作进行共生写作教学,而对于其他学生来说,就是一种他者共生的写作活动。

要让大家熟悉习作,了解习作。这篇习作总体来讲比较成功,主要是让大家发现它的可取之处,同时教师结合习作强调作文写作的一些要求,指出学生容易出现的一些问题;然后,借助黄汝津同学关注和思考的问题,或者说是借助黄汝津的这篇习作,激发大家对这个问题的关注和思考。写作欲望被激发之后,便引导学生进入写作状态进行思考。先从写议论文的角度思考立意的选择，再从写记叙文的角度思考和黄同学不同的立意选择和叙述视角。从不同文体的选择，到不同立意的选择，再到同样文体不同角度的选择，学生的思维得到了有效的激活。而更有意义的是，他们在这一过程中获得的体验和经历。

遗憾的是，受时间和现场情境的制约，很多有教学价值的环节没有能够充分展开。比如，黄同学在反思写作过程中说自己是"想到哪儿写到哪儿"，没有能引发和大家交流一下"想到哪儿写到哪儿"的具体情形，以及为什么能够做到如此。再如，其他学生进入写作状态后的交流也不够充分，显得比较简单匆忙。这些都影响了教学效果的达成。

案例 4

《写出认识的变化》

师：同学们，今天我们上一堂作文课。作文课一般要有一个题目，这堂作文课的题目是——我最喜欢……（板书题目）

师：这个题目好写不好写？

生：好写。

生：不好写。

生：表面上好写。

师：好，下面我们先听一听说不好写的同学的意见。为什么说这个题目不好写呀？

生：我觉得这个题目表面上看挺好写的，因为取材范围比较广，"我最喜欢……"，后面接什么词都可以。但是对我来说，这种比较简单的题目，比较难的是它的立意和主题不是特别好找。

师：这个同学特别爱思考，他说看上去好写，但是要求高一点是不好写的。看上去是好写的，只要补上一个对象就可以写。如果要在这个题目后面补一个对象，你会补什么？

师：你准备写什么对象？

生：我最喜欢阅读。

师：可不可以说得具体一点？阅读太广泛了。喜欢阅读什么？

生：一些课外书。

师：还不够具体。什么样的课外书？哪一本课外书？

生：具体到本吗？

师：越具体越好。

生：《古文观止》。

师：非常好，很了不起，请简要说说你为什么喜欢读这本书呢？

生：因为我比较喜欢看一些文言文书籍，但是我发现，有的文言文书籍真的很难理解。

师：具体说说你为什么喜欢读《古文观止》？

生：比较易懂，因为是清朝人编的。学习累的时候，可以放松一下。

师：这位同学，如果是你写的话，你会写什么？（指另一生）

生：我喜欢孤独。

师：喜欢孤独，不错的选择，其他同学呢？

生：我最喜欢……我最喜欢班主任。

师：为什么喜欢班主任啊？

生：我觉得她不仅工作好，上课好，做人也很好。她不仅在学习上对我们有帮助，还帮助我们解决困难。

师：看来你们遇到了一个好班主任。很好，其他同学有没有主动发言的？

生：我喜欢家乡的美食。

师：大家说说，根据老师的要求，她这样的选择好不好？（生：不好，不够具体。）你能再具体一点，说一说最喜欢家乡的什么美食？

生：我最喜欢家乡的糯米糕。

师：很好，这个糯米糕一定很好吃。前面这位同学呢？

生：我最喜欢仰望星空。

师：为什么喜欢仰望星空？

生：因为我比较喜欢天文学，而且星空代表了丰富的想象力。

师：还有同学愿意主动发言吗？希望你们能够喜欢一些和以上同学不一样的东西。除了喜欢人，有没有同学喜欢动物？你喜欢吗？

生：喜欢某一部分动物，毛茸茸的那种。

师：能不能再具体一点？狗是毛茸茸的，猴子也是毛茸茸的。所以我再问一遍，小动物中，你最喜欢哪一种？

生：猫。

师：不错。他们喜欢班主任，你就喜欢猫呗。其他同学还有不同的喜欢吗？——我们班同学有喜欢游戏的吗？（生笑）有，对啊，非常可爱。喜欢游戏有什么不好的呢？喜欢游戏也可以写篇好作文。只要你真的喜欢，就能够写出好作文来。你为什么喜欢游戏？

生：刺激，可以调节学习。

师：还可以有一种成就感。对吧？好的，同学们的选材越来越丰富了。可是这篇文章应该怎么写呢？现在，黄老师根据前面一位同学说的内容来写一篇，大家来给老师打打分。很多同学喜欢班主任，我就写班主任。

——我最喜欢的是我们的班主任，我们班主任长得很漂亮，对我们很关心。他上课我们班同学都特别喜欢，不管哪个同学有困难，他都会帮我们解决。当然，我还要举例，哪个同学生病他就送到医院去，哪个同学家里经济有困难他就帮助。我也会有细节描写。上课的时候，甜甜一笑就让我心里很温暖。这是一个思路。就这样写600字。请大家给我的作文打分。

满分100分，认为黄老师的作文能给80分的请举手。大家想一下，能不能打80分？

（一位同学举手）你给老师的作文打多少分？60分有没有？

生：那就59分。

师：还差一点点及格。

生：那就50分。（生笑）

师：下手太狠了。那你说说理由。

生：太笼统，说了这么多事情，但是没有一件特别的事情。

师：没有特别的事情，那我就来写一写，写有关班主任的一件事情，比如他上课上得多好。

生：你要通过细节描写来突出人物的个性。

师：那你来写写看。你喜欢谁？

生：我喜欢胡为民老师。

（生拍手）

师：你们不要笑。关键是要看他作文写得好不好，难道写胡为民老师就可以拍手啦。

生：有一次我考试考得很差，感到异常难过，胡老师看到就叫我去他的办公室。然后再通过一些描写，比方说我当时到老师办公室的时候低着头不敢说话，然后他就抬起头来，非常温和地看着我。

师：很好，一下子不一定想得全，我们写的时候可以再补充。黄老师刚才写的跟他写的，哪篇好？（生：黄老师好。）不要因为黄老师是老师就安慰我，我们还是要尊重作文。哪篇好？认为他的好的请举手。（大部分学生举手）说明大家的眼力还是不错的。

那位同学给我的作文打的分，我倒没有什么意见；他的批评呢，我要说几句。他说我没有具体的内容和描写，其实我是有的，我还写了你们老师甜甜的一笑和小酒窝呢，关键问题是，我写的作文中有没有"我"？没有，刚才有几个同学都是这么说班主任好的，大家都喜欢；班主任好，对我们都很关心。这个作文题目是"我最喜欢的"不是"我们最喜欢的"，作文就一定要写出后面的对象跟"我"的关系。很多同学在这一步就走错了，然后影响了一辈子（生笑）。因为你只写了这个东西有多好，而没有写这个东西和"我"的关系，对"我"的重要性。

就像刚才那位同学说的，这个题目看起来很容易，但要在这个地方写出"我"来，真的不容易。如果我在这个题目中加一个"曾"字，变成——我曾最喜欢。大家思考一下，写法应该有什么不同？刚才是"最喜欢"，现在是"曾最喜欢"。我们首先明确一点，要不要有不同？（生：要。）那么，要有哪些不同呢？没有发言过的同学，请主动一点。

生：要写为什么以前喜欢，现在不喜欢了。

师：那以前喜欢要不要写？（生：要。）现在不喜欢要不要写？（生：也要。）还要写什么？（生：过程和原因。）对，由喜欢到不喜欢的过程和原因。——这个同学说了一句话，就包含了四层意思。

那么这四个方面，哪个是重点呢？有哪位同学愿意来说说自己的思路？（指一位男同学）你说说你原来喜欢什么？

生：我喜欢"积极"。我曾最喜欢"积极"，"积极"加引号。

师：你们班的同学写文章都是高手，他最喜欢"积极"，"积极"又加引号。那你来说说你以前喜欢的"积极"是什么样的？

生：我以前一直喜欢在上课的时候乱叫。

师：哦，一种表面的积极。后来呢，你怎么不喜欢这个积极了？

生：后来，我喜欢在思考以后，在所有人都没有发言的时候的那种积极。

师：大家想想这样写好不好？（生：好。）我也觉得很好。我曾经喜欢的是假象的积极，老师一问不加思考就举手。现在，我喜欢的是用心思考之后再说。你怎么一下子就有了这种改变了呢？

生：后来我发现我化学考试没及格。

师：发现考试效果不是很好，课堂当中的假积极没有意义。这就有了转折点，交代了转变的原因。非常好。这位同学，你原来想写慈祥的胡老师，现在题目改了，你还写不写他？

生：还写他，但是题目不一样了，我曾最喜欢孤独。

师：啊？题目换了？孤独？你也写孤独？

生：不是，我一开始喜欢孤独，经过和胡老师的一番谈话后，我发现孤独不好，这要当作转折点来写。

师：就像刚才那位同学那样，先喜欢孤独，让他转变的是胡老师的点拨。转折点有了，但问题来了，你的题目换了，你到底喜欢的是什么呢？

生：……

师：大家想一想，如果题目原来是"我最喜欢……"，就写一个人叫 x；如果题目变成了"我曾最喜欢……"，我就不写这个材料了，就写 y。大家觉得这样转换对象写，好不好？

生：我觉得题目不一样了。当时那个胡老师是他最喜欢的，现在还喜欢。所以他换了一个题目写他原来喜欢现在不喜欢的，这样写比较真实。

师：你也一样吗？

生：差不多。

生：我感觉"我最喜欢"和"我曾最喜欢"是完全相反的。如果写同一个对象，考试的时候想好我最喜欢，但是仔细一看，题目却是我曾最喜欢，原来想好的那个跟我曾最喜欢的是完全相反的，怎么想都写不好，所以应该换一个对象。

师：有一定的道理。他的意思是，写作文要表达真情实感。但是，一个人会不会一成不变地喜欢一个人、一个事物呢？当你长大的时候，你一定会对你原来喜欢的东西有新的认识，而我们的作文就是要写出你在长大的过程中对问题、对人、对生活的认识，这才是好作文。说说看，你有没有发现胡老师的缺点？胡老师一定有缺点的，对不对？

生：暂时没有发现。

师：人不可能没有缺点。好文章要写出认识深化的过程。有没有哪位同学来说说自己对一个事物的认识的变化。

生：我以前很喜欢看童话，比如郑渊洁的童话，但是后来……

师：你为什么很喜欢看郑渊洁的童话？

生：皮皮鲁的故事，特别有趣，我可以跟大家讲一下，皮皮鲁有一次……

师：嗯，你说最喜欢郑渊洁的童话，说童话最有趣，这跟你有关系吗？郑渊洁的童话给你带来了什么影响？我到现在都没有听到。

生：影响就是，读了郑渊洁的童话，我在写作文的时候会下意识地写一些跟现实不太一样的故事，比如上次我写作文时就写了一个关于梦的故事。

师：哦，学习了郑渊洁写童话的方法，通过郑渊洁的童话，培养了自己写作文的能力，提高了写作水平。

生：后来我看到一篇文章在批判这种方法，说想象力一定要建立在现实生活中。

师：但这个责任是郑渊洁的吗？

生：但是那篇文章批判郑渊洁太天马行空了。

师：这是你感觉到的，读了郑渊洁的童话，对你的写作和人生有消极影响。

生：后来我就不喜欢了，也不是说不喜欢，就是改变了对郑渊洁童话的认识，以后写的时候就不太天马行空了。

师：不错，写出了变化。同学们听到我们的交流了吧？这个交流让我想到一个问题。如果我原来喜欢某一个人、某一本书、某一件事，但是后来因为其他人的说法，我就不喜欢它了。把其他因素当作我的认识改变的原因，大家看看这个写法好不好？比如，我本来喜欢小猫，但是有人讲小猫会传染病菌，我就不喜欢了。又如，我本来喜欢游戏，但是黄老师说不能老玩游戏，玩游戏耽误学习，会把眼睛玩坏，所以我就不喜欢了。大家觉得因为其他原因促使自己对某个对象的态度发生转变，这种写作出发点好不好？（生：不好。）为什么不好？

生：我觉得对一个事物自己没有体验，论证就缺乏力度。

师：有道理。强调自己的体验很好。不过，我们写记叙文就不谈论证了。

生：你自己都没有体验过它带来的坏处。

师：这个词用得好，有自己的生活体验才能写出认识的变化。——我们就要在作文中写出对生活的认识的变化。

现在我们再把题目变一下，如果把这个"曾"字去掉，加上"还是"，改成"我还是最喜欢……"，按照前面的写行不行？（生：不行。）为什么不行？后面这位男同学说说你的理解。

生：因为如果还是最喜欢，我觉得有三个过程，以前喜欢，中间有一段不太喜欢，最后因为某种原因又变得最喜欢了。

师：这位同学的发言，考虑得非常全面。我们再讨论一下，以前喜欢，后来不喜欢，现在还喜欢，只写这三部分内容行不行？（生：不行。）这位同学很坚决地表态了，你认为应该怎么写啊？

生：这三部分内容只是三个点，最重要是这三者之间转变的过程。

师：他认为最重要的不是写这三个点，而是中间的转变过程（板书）。大家觉得他说得有没有道理？你能不能把你想的内容具体说说，让大家看看是不是可以。

生：我还没想好。

师：好的，刚才这位同学讲得很好，他说最关键的是要写出过程。大家觉得当题目变成"我还是最喜欢"的时候，还应该注意什么？好，这位同学，你一开始写的是游戏，后来变成写郑渊洁了。你觉得怎么样？

生：我想了想，比如我很喜欢郑渊洁的童话，然后看了一篇说郑渊洁的童话不好的文章，但是经过我的仔细分析，也想到了小时候郑渊洁的童话陪伴我长大以及对我的生活的影响，所以我还是喜欢他的童话。可不可以这样写？

师：你们觉得这样写可不可以？（生：可以。）他这样写的是什么呢？我不喜欢由于其他人的评价而改变自己的一些看法。"我想了想"，想的是什么呢？郑渊洁的童话以前带给我的快乐，所以我还是喜欢。

有没有同学认为这样写不可以或者不好，或者这个思路有值得修改推敲的地方？

生：我觉得这个写法也是可以的。但更好的应该是强调突出中间为什么不喜欢的过程，然后写经过自己的思考不喜欢这个东西了，而后再经过自己的反复思考，发现这个东西的本质还是值得自己去喜欢的。也就是说，经过这样的思考之后发现自己还是最喜欢这个东西，这样更切题一点。

师：认同他这个主张的，请举手。（大部分同学举手）大部分同学都举手了。我也觉得这个同学的意见非常好。这个思路有两个地方一定要注意。

第一，由喜欢到不喜欢，最好不是其他人的原因，而是自己认识的变化。是别人觉得郑渊洁的童话不好，是妈妈说了小猫有病菌，是老师说了玩游戏影响学习，这样就缺少自己对问题的认识，没有深度。

第二也是更重要的，现在还喜欢和前面的喜欢能不能是一个原因呢？不能。刚才那位同学说得非常好，我们要重新去认识这一事物对自身的意义和价值。比如我们玩游戏，一开始喜欢是用来消遣，寻求刺激；后来喜欢是从中获得很多做人的道理和人生启迪。一开始喜欢一只小狗，只是因为它可以给我们带来快乐；后来喜欢是因为它成了我们一个离不开的陪伴、精神的伴侣。这一次的喜欢是对前面一次喜欢的深化，应聚集在一个内容上，写出我们对它的认识深化的过程。

老师还想让大家思考一个问题，假如题目中没有"曾"，也没有"还是"，就是"我最喜欢……"，请问能不能写出这两次变化？要不要写出这两次变化。首先来答能不能？

生：能。

师：有没有人认为不能的？没人。题目是"我最喜欢……"，为什么中间还要写一段不喜欢，然后再说最喜欢呢？有没有同学来说一说为什么？

生：这样写有波折，有助于更加深化文章的中心。

师：也就是说要有变化，不是一览无余，要在变化中深化主题。

生：这样的文章会更加特殊，不是平平淡淡的。

师：其他同学有没有不同看法？

生：我要补充一下。最喜欢是最终的结果，中间有一个变化的过程，不会影响结果，所以我觉得可以。

师：我觉得这几个同学的发言是珠联璧合的。"我最喜欢"强调的是由过程到最后的结果，这样的变化更能够凸显出题目中的一个"最"字。我一开始喜欢可能还算不上"最"，经过中间的变化，发现还是最喜欢，这才是真正的最喜欢。

今天,我带来一篇这个题目的作文。大家听一听、评一评,可以打多少分?你们觉得它有哪些优点、哪些问题,有时间再来看看怎么改。

(老师读作文)

师:如果满分是100分的话,这篇作文能不能打80分以上?认为能的举手。(大部分学生举手)好,你没举手,你觉得能不能打80分?

生:我觉得有点奇怪。

师:哪里奇怪,过一会儿再说。你认为总体能打80分吗?(指另一生)

生:可以。

师:能够打80分,说明它应该是有很多优点的。有哪些优点呢?

生:符合命题要求,内容具体、实在,能写出变化。

师:好的,就是说,对照我们今天上课的内容,应该还是符合要求的。那你说一说,中考作文写记叙文还有哪些需要我们借鉴的?

生:我觉得细节描写还不错,转变的过程写得很清楚。

师:这个同学的感觉蛮敏锐的。大家一定要注意,中学生的记叙文一定要通过具体事件和具体描写来表现。我们一起简单回顾一下文章内容,作者一开始写自己非常喜欢围棋,有一段描写内心感受的文字。(教师读那一段描写)后来作者被那个小男孩战胜的时候,一方面写小男孩坦然的神情、下子的老练,另一方面又写自己输掉以后的不甘,后来又写喜欢围棋以后手握冰凉棋子的感受,内心的坦然。应该说,事件完整,过程具体,细节描写比较生动。那位同学举手,你要说它的优点还是什么?

生:老师,我不知道时间还够不够,我想对整篇文章进行分析。

师:你能不能不分析整篇文章,直接说说这篇文章好在哪里。

生:第一点情节起伏;第二点像我刚刚说的那样,写先喜欢,中间不喜欢,然后再写喜欢,对主题进行了深化,最后写最喜欢围棋,说围棋是无功利的、无胜败的。但是一开始他喜欢围棋为什么感到快乐呢,是因为围棋可以带给他胜利的自豪和骄傲,这样认识变得更加深刻了。

师:这个同学很会分析,分析得很好。原来喜欢围棋是因为胜负,但是到了后来真正看淡了这些东西,理解了围棋的真谛,认识到了变化,主题就深刻了。刚才说了优点，这篇文章有没有问题呢？大家想一想，如果有，我们怎么修改呢？

这位同学，你刚才说有奇怪的感觉，什么地方奇怪？

生：第三个阶段来得很奇怪，没有具体的描写。

师：好的。大家一起来看，作者不喜欢围棋的原因很清楚，被一个小孩子打败了，本来以为会赢，但是却败得一塌糊涂。后来又为什么喜欢上了？一个人在家摸着棋子产生陶醉的感觉，然后就喜欢上了围棋。你们觉得是不是有点怪？（生：是。）这位同学的感觉不错。当时那么恨围棋，永远不想碰围棋，为什么又爱上围棋了？这之中缺少一个转折过渡的环节。是这个意思吧？怎么从不想玩到又想玩了，这个转变要写出来。如果要帮他，你们有什么办法？

生：通过一件转折的事情，比如看到路边有两个人在下围棋。

师：看到别人下棋，得到启发。好，这是第一个方案，在看棋中悟到了下棋的意义不是胜负。

生：文章提到作者原来喜欢围棋是喜欢获胜的感觉，因为他求功利，后来不求功利了，那么就应该写一个不求功利的事情。在这里，我认为可以引入人机大战的事情，人类比赛输了，但是那个棋手却非常坦然地面对这个事实，告诉人们，虽然比赛输了，但是人类在进步。

师：很好，看高手是如何认识下围棋的，也可以。但不管是哪一种方案，内容能不能铺开来写？

生：不能。

生：我还是想写他内心的思考，要有一个因素，这个因素可以是他偶然间瞥到了落满灰尘的围棋，这让他想起了当初沉浸在黑白子当中的快乐，而不是赢得胜利的快乐。这可以引发他的思考，再稍微用一点文字来引出下面的内容。

师：我理解了。这个同学的方案，在某种意义上更有意思，就是让自己再回首，想想当年围棋带给自己的快乐。输赢的快乐是瞬间的、短暂的，而真正的快乐是与围棋相伴的日子。我们班的同学都是写作高手。其实，再想下去，还有很多方案。这篇作文除了这个转弯太快，还有其他的不足吗？

生：我觉得文章前面对比赛的描写内容太多了，后面字数反而比较少，有点虎头蛇尾，而这篇文章的重点应该放在后面。

生：我也觉得少个结尾，现在这个结尾显得没有深度。

师：这两个同学觉得这个作文总体上有点虎头蛇尾，黄老师也觉得有点前重后轻。那么，怎么写得厚实一点呢？（生：下围棋。）对，还是要下围棋。要不要比赛？（生：要。）对，后面让他再比一次。要不要有结果？赢还是输？（一部分同学认为要让他赢，一部分同学认为要让他输）有没有第三种方案？（部分同学举手）我更喜欢这个方案，他本来不想去比了，最后还是去了，但不交代结果。因为这里的关键是他对围棋的理解变得深刻了。

师：其实，一堂课也是没有结果的。我们下课吧。

第五章

共生课堂的共生之道
——共生教学的基本策略

带着种子进课堂
——选好共生原点

共生原点的选择,是共生教学操作的首要环节,也是共生教学成功的基础。我们要深入研究教学内容,发现教学内容中蕴含的共生原点,或赋予教学内容共生原点的特征,充分开发每个共生原点的教学价值。共生原点的选择,应该体现这样一些要求。

1. 共生原点应该是生长性和操作性的统一。共生原点不仅要具体实在、集中明确,而且必须具有鲜活的生长性,必须和操作性形成统一。这是共生教学的基本特征。在介绍树式共生教学结构的"一个点""一根主干"时,我们分别阐述了生长性的一些具体内涵,简单说,所谓生长性就是具备组织连续性的、鲜活的听说读写等学习活动的能力。但这些连续性的鲜活的学习活动必须是可操作的,否则就失去了它们的意义。所谓操作性,就是学生具备必要的生活准备、知识准备、能力准备、材料准备、信息准备和心理准备,教师具备设计能力、组织能力、引导能力、协调能力、变通能力、评价能力和修正能力,课堂具备时间条件、空间条件、情境条件和物质条件。具备了这三个方面的条件,就具备了可操作性。否则,再好的共生原点也是没有价值的。

2. 共生原点应该是教什么和怎么教的统一。无论是写作课还是阅读课,无论是一篇课文的教学还是一节课的教学,确定共生原点,首先要研究和明确教学内容。这个教学内容不是笼而统之的阅读或者写作,也不是大而化之地教什么课文或者写什么作文题目,而应该是一个个具体的内容和具体的活动。比如教学《孔乙己》，理解人物特征和形象意义无疑是必须教学的内容，但仅仅关注这一点很容易成为结论化教学。明确这一点的同时，必须明确用什么样的教学活动和教学安排来完成这样的教学内容。作文教学也是如此，不仅只是要求学生写出什么样的作文，同时还要考虑如何让学生写出这样的作文；不是布置一个作文题目，而是要考虑如何让学生写好这个题目；不是要求学生应该具备什么样的写作能力，而是要想好如何让学生具备这样的能力。

3. 共生原点应该是"人文性"和"工具性"的统一。很多人把语文课上成了非语文课，就是只顾及了所谓"人文性"，而忽视了语文的"工具性"。简单地说，只看到思想内容看不到语言形式，现在这样的阅读课并不少见。只有实现了"人文性"和"工具性"的统一，根据形式和内容的结合去确定共生原点，这个"点"才能体现语文学科的课程特点，教学才会有充满活力的共生共长的教学情境。教学《我们家的男子汉》时，我把理解"男子汉精神"和这篇文章小标题的结构特点结合为教学的"共生原点"；教学《孔乙己》时，把对人物主题的理解和小说中关于手的描写结合为教学的"共生原点"；教学《阿房宫赋》时，把理解文本内容、思想主题和欣赏"赋"体文章的表现手法结合为教学的"共生原点"；教学《谏太宗十思疏》，把理解文章的内容主旨和学会通过比较阅读不同注释、版本的文言文方法结合为教学的"共生原点"。

4. 共生原点应该是学生学习需要和教师教学需要的统一。共生原点满足了教师的教学需要，才有教师的活教；满足了学生的学习需要，才会有学生的活学。两个需要都满足了，教师和学生才能互相激活，这才是共生共长的教学境界。

共生原点作为共生教学的主要元素，当然由教师发现，由教师选择，由教师确定。教师选择什么样的共生原点，必然会从自己的教学需要出发。但教师确定共生原点，必须立足于学生的学习需要。他们会有什么困难，会出现什么问题，需要我们做什么，我们的问题他们会怎么回答，我们的活动安排对他们是否有意义，这些都是我们选择共生原点时必须认真考虑的问题。因此，共生原点应该来自文本，来自教师对文本的阅读，来自教师对教学问题的思考，来自教师的写作体验，来自教师反复的教学实践，来自学生的问题和学生的需要；而不能来自教学参考书、教学指导用书、复习资料和试卷练习，也不是来自教师的主观想象，当然也不是为了标新立异，不是为了教师自己作秀。

阅读教学和写作教学有着非常丰富的共生原点的选择空间。阅读共生教学常见的共生原点有：

1. 文本的节点。节点是一个很抽象且应用很广泛的概念，通俗地说，就是某个大环境中的一个点或者一段，好比公交车线路中的一个站台。在不同的范畴中，节点有着不同的内涵。在教学过程中，节点很大程度上是指知识体系中具有很多榫接的具体的知识点，当我们记住这个重要的知识点，学会去联想记忆和理解，那么对于和这个知识点相关的知识记忆与理解就会起到事半功倍的作用。而文本解读中的节点与此相似，是指解读一篇文本的关键之处，抓住它们常常可以"切中肯綮"。大家可能比较熟悉的，我教学《孔乙己》时就是抓住了作者对孔乙己手的描写这个节点，教学《装在套子里的人》时就是抓住套子这个节点，教学《我们家的男子汉》时就是抓住小标题这个节点，都取得了不错的效果。

2. 文体的特征。文体的特征或者文本的特点也可以是阅读教学很好的共生原点。教学《黔之驴》这篇课文时，我就是以"寓言的特点"为共生原点组织教学活动的。先是回顾寓言的特点，再读出寓言的特点，然后分别读驴的故事和虎的故事并理解寓意，接着分别以驴的口吻和老虎的口吻讲故事，最后讨论题目和故事的关系、驴和虎的关系，并从"好事者"的角度解读寓言。需要注意的是，以文本特征为共生原点，绝不能以讲解文体知识和课文特点为重点，否则不是共生教学，而是彻头彻尾的结论化教学了。

3. 借助各种凭借。阅读教学中，借助凭借解读文本是常用的方法。我们曾专门介绍过这种策略的运用。如果一个凭借能够组织连续性的学习活动，可以说它就具有了共生原点的价值。教学朱自清先生的《背影》时，我先后运用了插图和背景资料作为共生原点。我出示插图之后，先让学生寻找对应插图的文字，再讨论插图对有关文字内容的表现，然后结合文字品读作者的感情，再讨论插图相对于文字表达的差距。我还把朱自清和父亲多年的复杂关系整理为一个简明的资料，让学生发现资料中和文本紧密关联的信息，并根据资料解读作者和父亲的关系，对照课文解读父子之间的距离，理解父亲主动示爱和示弱的行为，认识儿子对父亲由不理解到理解，借助资料理解父亲来信的矛盾，解读作者对父亲不容易的迟迟的理解。应该说，对这两个共生原点的价值发挥是比较理想的。

4. 文本的改造。对教学文本进行适当的改造，也是非常好的共生原点。教学《阿房宫赋》时，我就是先将课文缩写为一段短文，然后空下关键词让学生根据课文填空，再从课文中发现和关键词对应的文本内容，在此基础上认识"赋"这种文体"铺采摛文"的特点，再通过朗读加以体会。这就是以改造文本为共生原点。我教学《葡萄月令》时也是运用了同样的做法。先让学生缩写课文内容，再给缩写以后的文本加一个标题，并且和课文标题进行比较，在此基础上认识文章说明文的内容、散文的意境、诗的语言这个特点，并在此基础上对文本和作者进行更为深入的解读。

5. 各种语言活动。语言活动是我们提倡的阅读教学的三个基本策略之一。如果设计得当，语言活动也是很好的阅读教学的共生原点。徐杰老师教学《我的叔叔于勒》时就是以语言活动推动小说教学的。先是要求学生用一组数量短语来说明故事的相关要素，再让他们根据对故事的理解，在"一封（　）的来信""一次（　）的偶遇""一笔（　）的小费"这三个数量短语的中心语前面加上合适的修饰语，并说说加这个修饰语的理由，接着让学生用"因为……所以……"的句式串联黑板上存在因果关系的故事要素，然后再讨论在这么多的因果关系中哪一处的语言描写最能表现人物的内心世界，最后请同学们用"虽然……但是……"这样的句式对若瑟夫的行为进行概括或评价，用"如果……那么……"这样的句式分析若瑟夫的性格发展。一节课的推进都通过语言活动来展开。

6. 文本处理策略。阅读教学的文本处理有很多策略，有时候这些策略也可以作为共生教学的原点。教学钱锺书先生的《谈中国诗》，我做了三件事。第一件事是删减，先删减掉前四节，再删减最后的几节。但这样的删减，不是简单地删减，而是对文本内容和形式的解读。既解读了被删减的部分，也解读了它们和全文的关系，而且贯穿了抓关键句的阅读方法。第二件事是添加。立足文章中论述中国诗的特点的主体内容，让学生讨论题目应该怎么拟才比较准确全面。学生加上的内容是"古代""泛谈""结构""特点"，于是题目成了

"泛谈中国古代诗的结构特点"。第三件是恢复还原。让学生讨论加上去的这些内容是否一定要加。应该说，这是对文本内容的第三层次的理解，也是更为深入的理解。经过讨论，立足演讲对象、演讲现场和特定内容，这些加上去的内容纯粹是多余的。这样的过程，比较简单地完成了对一篇内容比较复杂的实用文的阅读。而先减后加再恢复，就是我教学这篇课文的文本处理策略。

共生写作教学常见的共生原点有：

1. 一个作文题目。共生教学一般不主张把作文题直接作为教学内容，更不主张把作文题作为教学的共生原点，而特别强调教师要带一粒写作的种子进课堂。但如果我们能够使作文题具有教学的生长性，能够借助题目组织和推动连续性的学习活动，把作文题变成一粒种子，当然以题目为共生原点并非有什么不可以，甚至是很好的选择。教学"议论性材料的审题和立意"时，我就是以苏州市某年的高三模拟题作为共生原点的。这道题要求学生根据一句非洲谚语写作文。这句谚语是：一个人走，可以走得快，但不可以走得远，只有一群人走才能走得更远。教学中，我让学生选择"走"的方式，是喜欢一个人走还是一群人走，然后为自己的选择寻找理由，再否定对方选择的理由，接着引导学生跳出简单的二元思维进行选择，然后再从这句话中发现新的矛盾进行辩证思考，最后归纳从一则材料中发现多个观点并根据自身实际确定一个观点的方法和要论述的问题。

2. 一则材料。带一则材料进课堂，以一则材料为共生原点，是我经常的做法。教学"一则材料的多种运用"时，我就是先给同学讲一个故事。材料是一位各方面都很普通的高二女生准备竞选班长，在征求几个好朋友的意见时，她们都说要支持她。但她认真准备参加竞选，却只得了一票。这节课就以这则材料为共生原点，引导学生从话题的选择、主题的确定、思路的展开、重点的安排、叙述的视角等多角度进行讨论，让学生充分认识到同一则材料可以有多种运用的空间。

3. 一篇学生习作。以学生的习作为共生原点是共生写作教学的常见形式。我教学《在别人的树上开自己的花》这节课就是为了培养学生共生的写作意识和写作能力。很多教师的作文评讲课，评点优秀学生作文的作用就是告诉学生哪篇习作写得好、好在哪里，而我更多的是引导学生借助别人的好文章写出自己的好文章。2009年奥巴马访华与青年学生对话时，中国几个名牌大学的学生代表的提问引起了网民的热议。一位同学以此为写作材料，以其中一个大学生第一人称的口吻叙述了这个故事，反思自己的成长历程和受到的教育。文章写得很有深度。我引导全班学生借助这位学生的习作和这个事件进行再度写作，不少学生都写出了很好的习作，很多学生写出了有一定深度的议论文，也有同学写出了构思新颖、立意深刻的记叙文。

4. 一件"半成品"。半成品写作是共生写作的常见类型。我教学"记叙文的故事与主题"时，就是以一位学生的习作《寻找》为共生原点展开的。这位学生的选材很好，但后半截是一大段议论，而且主题也显得比较消极。我组织学生借助这篇习作展开写作讨论，开展写作活动。可以说，截去后半截的这篇习作，就是一篇半成品的作文。当然，半成品作文除了指这种结构上的"半"，有时候也指还没有完全写成熟的习作。

5. 一个写作话题。以一个有意思的话题作为共生写作的原点是很有效果的。我教学"记叙文中的描写"时，就是以"丢东西"作为共生原点的。先让大家交流丢东西的故事，然后选择一个"点"进行描写，再梳理大家描写的几个共同点，一起讨论这些点应该怎样描写更好，最后明确记叙文描写的根本要求是突出主题，为主题服务。如果没有这个话题，这样的作文课很可能变成知识讲解课。

6. 一篇名家名篇。名家名篇永远是我们学习写作的重要资源，也是我们借鉴学习的对象。但只是把名家名篇作为学习的范本，就显得狭隘。如果能够以名家名篇为写作教学的共生原点，借助名家名篇组织写作活动，就更有意义了。教学"写出特殊事物背后的故事"，我就是借助鲍尔吉·原野的《雪地贺卡》设计和组织教学的。我分层分段出示原作，把学生带入写作情境，和名家一起思考、一起写作，激发学生的写作兴趣和写作欲望，让学生经历写作过程，感悟写作规律，认识写作方法。实践证明，效果还比较理想。

7. 一件相关事物。选择比较适合的实物作为共生写作教学的原点，也是很好的方法。有一位老师教学"景物的描写"，把一个鸟窝带到了课堂上，先让学生观察这个鸟窝，描写这个鸟窝，再通过想象描写这个鸟窝中有小鸟的情景，又设想这个鸟窝在一棵树上的情景让学生描写，又虚拟了在风雨中、在清晨、在傍晚等许多不同的情景，非常有效地激发了学生的写作兴趣，组织了丰富的写作活动，得到了大家充分的认可。

共生阅读教学和共生写作教学的共生原点的选择，都有着非常大的空间，这里只是撮要列举。

让课堂成为运动场
——激活共生现场

吕叔湘先生说:"如果说教学法是一把钥匙的话,那么在所有的教学法之中还有一把总的钥匙,它的名字叫作'活'。"共生教学法的基本特征是"以活激活"。这个"活"有着丰富的内涵:活的内容,活的方法,活的过程,活的结果。

"活",既指教师的教,又指学生的学。有教师的"活"教,才有学生的"活"学。学生的"活"学,又成就了教师的"活"教。所以,"活"是指师生之间高度融合、互相"激活"的教学情景。"活"既指多样的形式,又指丰富的内容。只有活学,才能学活。所以,"活"是指内容和形式互相统一、互相作用的有效学习。"活"既指灵动的过程,又指呈现的效果。所以,"活"是行为和结果双向互动与促进的教学境界。

共生教学法的基础是教师的先"生"和先"活"。先"生",即教师的学习体验和学习发现;先"活",即教师的教学智慧和教学创造。所以,共生教学法特别强调教师的文本阅读和阅读中的发现,特别强调教师的写作体验和写作发现;特别强调教师对语文学习规律、学生认知规律和课堂基本规律的直接体验与准确把握。

"活"的标志,首先是教师的"活"教,是针对具体教学情境的教,而不是拘泥既定方案的教;是针对具体学生的教,而不是不顾对象的教;是针对具体问题的教,而不是从经验出发的教。其次是学生的"活"学,所谓"活"学就是"动",要看学生有没有真正的"动"。真正的"动",不是表面的气氛热烈,不是举手积极,不是形式上花样很多,而是看眼睛有没有"动"(有质量地读),嘴巴有没有"动"(有质量地说),手有没有"动"(有质量地写),思维有没有"动"(有质量地思考),主要是指有质量的语言活动和语言训练。激活共生的现场,还要使课堂能够呈现有质量的交互活动。师生之间,学生之间,要能互相分享学习的感受、体验和成果,要能互相参与阅读的过程、参与写作的过程,要能形成有质量的互相交流、互相启发、互相补充、互相碰撞、互相促进、互相引领。

激活共生现场的基本要求是:

1. 必须尊重所有学生的学习表现。在教学现场,我们很容易对学生的学习表现感到失望,这是由于我们对学生的期望太高,原定的教学方案脱离了学生的实际,而最主要的是我们对学生的学习缺少应有的尊重。其实,几乎没有学生在课堂学习上不尽力,也几乎没有学生想表现得让教师失望。因此,我们必须尊重所有学生的学习表现。所谓尊重学生的学习表现,就是要承认学生的任何表现都是合理的,任何反应都是有道理的,学生的表现有差异是正常的。一旦对学生的学习表现失望,就会影响师生关系,破坏教学情景,使教学共生成为泡影。

2. 善于及时发现教学现场的共生点。这不是教学技巧、教学技术,而是教学经验、教学艺术和教学理念的一种综合表现。我在许多地方介绍过于漪老师的一个教学镜头。于老师教学《宇宙里有些什么》时,一个学生问:"'一千万万颗星星'是多少颗星星?"有个同学很不屑地说:"'千万万颗星星'不就是一千亿颗星星吗?"说得提出问题的同学十分自卑。可是,于老师却发现了这样看似简单甚至幼稚的问题背后的教学价值。她问:"既然'千万万颗星星'就是一千亿颗星星,为什么课文不写成'一千亿颗星星'呢?"于是,同学们围绕这个问题展开了讨论,最后明确:将一千亿颗星星说成"千万万颗星星",不仅说明这是概数而不是确数,更重要的是这样的表达更能表现星星的多。最后,于老师还不忘让大家想一想这个问题是谁提出来的。这样的经典案例道出了共生教学形成现场共生的奥妙。我教学《黔之驴》,在讨论既然课文写虎的内容更多,文章题目能不能改为"黔之虎"时,一个学生说"柳宗元会生气的"。我便问他柳宗元为什么会生气呢？这个学生便说不出来。我对大家说："这个同学说题目改了，柳宗元就会生气。这说明柳宗元用这个题目有他的用意。那么，是什么用意呢？"联系背景，大家很快就明白了作者的写作主旨主要是讽刺朝廷那些占据要位而又昏庸无能的人。这也是及时抓住了教学现场的共生原点形成的共生情景。

3. 善于激活学生现场的学习热情。我们要对教学气氛有理性的理解，不能以为气氛热烈、发言踊跃就是共生的最佳情境，不能以为一呼百应、一问就答、一答就对的课是好课，不要期望学生就应该像我们想象的那样去表现。我们要承认学生和成人之间的差异，承认学生和我们之间的差异，承认不同学生、不同班级课堂学习态度和表现上的差异；要能放低教学姿态，真正将自己和学生融为一体，用自己的情绪影响学生，用自己的感情打动学生，用自己的体验激活学生，用自己的思考启发学生，用自己的问题唤醒学生，用自己的点拨启发学生。我们还要能及时发现和调动领军学生的学习引领作用，通过他们来带领、影响整个班级的学生。

4. 对学生的学习进行及时的深度引领。共生教学不是原地踏步和原点循环，共生情景还指学习过程的深入发展，所以教师要对学生的学习进行及时的深度引领。学生没有明确的共生方向时，要为他们明确方向；学生的思维遇到阻塞时，要引领他们冲破阻塞；学生的认识比较肤浅时，要引领他们深化自己的思考；学生的思路狭窄时，要引领他们打开思路，这样才能促使课堂的共生高质量地展开。

共生教学激活共生现场的具体方法有：

1. 问题激活。通过问题来激活共生教学的学习现场，是共生教学最基本的方法。比如教学《背影》，我提出的问题有：文章通过写父亲的背影表达了父爱，表达了自己对父爱的理解和对父亲的爱，如果写父亲的眼睛，那会是一双什么样的眼睛呢？文章写父亲通过各种方法表达对儿子的爱，儿子理解父亲吗？从哪里可以看出他真的理解了？文章写了作者四次流泪，是不是都表现他对父亲的理解？哪一次才真正理解了父亲的"不容易"？教学《葡萄月令》，在引导概括了文章说明文的内容、散文的意境和诗一样的语言这样的特点之后，我问：什么样的人才能写出这样的文章呢？教学《春》，我问：作者是按照什么样的顺序安排五幅图的？教学《装在套子里的人》，在品读了"恋爱故事"之后，我让学生讨论：别里科夫在华连卡的笑声中死去这样的安排合理吗？如果说别里科夫不死会是什么样的结局呢？可以说，每一节成功的课，都离不开通过问题来激活共生现场。但这些问题绝不能是让学生找答案的问题，否则就不能真正激活学生的学习兴趣和欲望。

2. 任务激活。设计和布置适当的学习任务让学生完成，也是共生教学激活现场的常用方法。我们认为，从某种意义上说，所谓学生主体就是让学生做该做的事，或者说就是该学生做的事让学生做。学生有事可做，而且做的是该做能做的事，课堂就"活"了。教学《阿房宫赋》时，我原来是想让学生将课文缩写为100字左右的一段话，后来觉得这对学生的要求太高，他们做不了，于是我自己将课文缩写后留下空白让学生填写关键词，效果就非常好。教学结束前，我又让学生用三个词概括文章的内容和思路，激活共生的效果也比较理想。教学《葡萄月令》，我让学生用最简短的文字缩写全文。教学《装在套子里的人》，我让学生概括恋爱故事，说清故事的前因后果。应该说，这些具体活动都比较成功地激活了共生现场。

3. 差异激活。我们一直认为，差异是宝贵的教学资源。其实，差异不仅仅是教学资源，也是激活学习现场的很好方法。教学过程中，教师要善于发现差异，引导学生形成不同的意见。我常问的问题是："他这样理解，你的看法和他有没有不同？""黄老师这样看，你们的观点是什么？"很多不善于思考的学生回答问题时常常偷懒地说"我和某某差不多"，我就要求他说出"相差"在哪里。在组织学生就某个问题展开讨论时，要注意倾听，善于发现同学意见相同中的不同、不同中的相同，从中发现有价值的差异，激活共生学习现场。

4. 矛盾激活。我们曾专门著文阐述矛盾在教学中的意义，提倡大家在教学中要敢于和善于激发矛盾，而不是为了说出那个现成的答案。只要有了矛盾，课堂一定就活；没有矛盾的课堂，常常是死水一潭。首先要善于发现文本的矛盾。教学《背影》，我先通过背景介绍，让学生发现作者和父亲的矛盾。在解读父亲的来信时，引导学生发现父亲措辞的矛盾，他先说自己"身体平安"，接着又说自己"大约大去之期不远矣"，并借此解读父亲内心情感的矛盾，说"身体平安"，是为了让儿子放心，不要牵挂；说"大约大去之期不远矣"，是希望儿子能够理解自己的"不容易"，常常想着家里、想着自己。这就是一颗父亲的心。抓住这样的矛盾，能够很好地激活学生的思维，引导学生对父爱和对这篇文章有比较深入的阅读。再如教学《济南的冬天》时，文章的题目是"济南的冬天"，结尾是"冬天的济南"，这也是一个值得关注的矛盾。除了来自文本的矛盾，更多的矛盾来自师生之间和学生之间，我在课堂中常常想尽办法激发学生之间的"矛盾"，同时也常常挑起自己和学生之间的"矛盾"。通过矛盾来激活学习现场，常常有出人意料的效果。

5. 情境激活。设置具体的学习情景，让学生置身于具体情境中思考问题，也是激活学习现场的一个常用方法。教学"记叙文情节的展开"时，我以一篇满分作文为共生写作的原点，分层次呈现习作，三次让学生根据已经呈现的片段选择续写的方案，最后又设计三个不同的结尾让学生选择，并要求他们为作文续写一个结尾。这些情景的设置，有效地激活了学生写作的欲望和热情。教学《写出特殊之处背后的故事》时，我以作家鲍尔吉·原野的《雪地贺卡》作为共生写作的原点，借助文章的故事情节让学生设计故事推进的方案，然后针对不同的方案展开讨论，激活学习现场的效果非常明显。

6. 错误激活。现在，不少教师教学的一切目的就是要找到那个现成的答案。我常常调侃地说：找到答案眉开眼笑，找不到答案死不瞑目，答案一写便大功告成。优秀的教师上课，不是为了找到那个既定的正确答案，而是为了让学生暴露错误的答案，课堂上错误答案越多，考卷上错误答案越少。就课堂教学的展开而言，错误是激活学习现场非常有意义的方法。这个错误可以是来自教材，可以是来自各种资料，可以是来自学生，也可以是来自教师自己。我教学《背影》，设计的一个活动就是让学生先找出文中插图对应的文字，再根据文字发现插图和文章内容不一致的地方。这就是借助教材的错误激活学习现场。教学《白雪歌送武判官归京》，在描述诗句的意境时，我故意将"风掣红旗冻不翻"和"愁云惨淡万里凝"描述为"红旗飘飘"和"乌云滚滚"，让学生发现和批评，这是通过我自己故意设置的错误来激活学习现场。

催生学习过程的拔节
——促进共生过程

共生教学的过程,应该是不断推进的过程,而不是原地踏步、不断循环的过程。如果说课堂是一棵树,这个树应该不断长大;如果说课堂是一棵竹子,这棵竹子就应该不断抽节长高。因此,促进共生过程是共生教学操作的一个很重要的策略。

共生过程的促进,应该体现这样一些基本要求。

1. 过程推进要聚焦于共生原点。如果说共生教学的课堂应该是一棵树,那么共生原点应该是这棵树的根。共生教学的过程,即课堂教学的生长,应该紧紧围绕课堂教学的共生原点。如果课堂教学过程中各个环节和各个板块各自离散,不能聚焦于一个核心,就无法形成课堂的共生和生长。尽管共生教学的一节课并非是一个共生原点,尽管在教学过程也可以及时发现新的教学共生点,尽管共生教学的树式共生课堂结构会生长出许多繁茂的枝叶,但并不意味着课堂是可以随意拼凑的。教学的各个板块之间、各个环节之间应该有比较紧密的内在联系,前后环节和板块之间应该有一定的逻辑关系。

2. 教学内容的生成和教学过程生长统一。共生教学的课堂一定会有丰富的教学资源和教学内容的生成,比如丰富的阅读体验和写作体验,比如学生学习过程中的学习成果和出现的问题。但共生教学更追求教学过程的生长性,或者是学习内容的不断深化,或者是学习要求的不断提高,或者是学习难度的不断加大,或者是问题讨论的不断深入。而教学内容的生长和教学过程的生长是互相融合、互相促进的。教学内容的生成，会促进教学过程的生长；教学过程的生长，会带来教学内容的生成。

3. 学生的学习成长和教学过程生长统一。应该说，共生教学中教学过程的推进并不是我们要追求的主要目标，学生的学习成长才是共生教学追求的目标所在。没有学生学习成长的共生课堂，不管教学过程呈现出如何理想的共生状态，也是没有意义的。所以，在促进共生的过程中，我们要尤其关注学生的学习成长。学生对问题的思考是否不断深入，学生的思维是否不断完善，学生对文本的理解是否不断加深，学生的文本阅读是否不断有新的发现，学生的写作体验是否在不断丰富，学生的写作过程是否不断优化等，才是衡量课堂推进是否成功的最主要的依据。

4. 主干共生和枝叶共生统一。教学过程的生长是课堂教学的主干，自然是我们必须要关注的，但教学过程中的枝叶生长也不可忽视。某种意义上说，枝叶的共生和学生学习的生长具有更强的关联性。没有鲜活的枝叶共生，只有主干推进的课堂，没有真正的生命力；当然，只有枝叶的共生，没有教学主干的共生，课堂也一定会显得凌乱而无序。

那么，促进共生过程有哪些具体方法呢？

1. 围绕共生原点开展多层次的教学活动。比如教学《蜀道难》，在朗读课文时，我们安排了这样几个层次：先是集体读指名读，了解课前读背情况，正字正音；然后是指名五位同学比较读"噫吁嚱"三个字，并进行比较评点，感受全诗的感情基调和豪迈之气；接着是指名三位同学分别比较"蜀道之难，难于上青天"一句在全诗中三次反复出现的不同朗读，通过比较评点，理解这句诗在全诗结构、感情等方面的作用；之后是师生配合朗读全诗，我读开头的三次反复"蜀道之难，难于上青天"，同学们读其他部分，讨论理解其他诗句和这三句诗的关系，以及运用的表现手法；最后是学生根据自己对诗歌的理解朗读全诗，学生边读边在黑板画出"图谱"，然后根据图谱曲线理解诗歌感情和语言形式之间的内在关系。这样多层次的读就成了一个共生原点。教学过程紧紧扣住一个点，层层深入地展开，一条教学主线清晰而鲜明。

教学作文课"材料的理解和叙述"时，我主要就是采用了分层推进的方法。这节课的共生原点是一个小提琴大师在地铁口演奏世界名曲引起不同反应的材料。材料很长,我便运用 PPT 分层次展示,让学生分段来讨论。随着材料呈现的不断推进,学生的观点也在不断变化、不断丰富,一直到材料全部呈现出来,他们对材料的整体有一个比较全面的理解,然后再要求每个同学从各种观点中选择一个,并根据选定的观点叙述材料。这种方式非常有效地训练了学生根据对材料的理解叙述材料的意识和能力。

2. 围绕共生原点开展多角度的教学活动。教学《黔之驴》这篇课文,我抓住"寓言用故事讲道理"这个共生原点,先让学生从不同角度读课文,理解课文:找出课文写驴的内容,讨论驴悲剧下场的原因;找出写老虎的内容,讨论老虎胜利的原因。然后,让学生以不同的口吻讲故事,理解故事:以第三人称讲这个故事,以驴的口吻讲这个故事,以老虎的口吻讲这个故事。我还让学生从驴的角度讨论寓意,用古人的成语概括寓意,从老虎的角度讨论寓意,用自己的"成语"概括寓意,再从好事者的角度讨论寓意,用自己的"成语"归纳寓意。这些在分层基础上的多角度的学习活动,无疑使教学活动变得十分丰满,教学主线和共生过程非常充实。

3. 围绕共生原点开展多种形式的教学活动。教学《我们家的男子汉》,理解"男子汉精神",我采用了这样一些方法:第一,归纳"我们家的男子汉"身上的主要品质;第二,加工文中的话或用自己的话描述心目中的男子汉;第三,全班合作完成小诗《小小男子汉宣言》。对小标题在文章中的作用的理解,分别运用了这样一些方法:学生先说说小标题的一般作用,归纳本文小标题的主要作用,引导学生用人物语言改换小标题,比较两种小标题的不同效果。教学中,我努力把理解"男子汉精神"和理解小标题在文章中的作用两者紧密地整合在一起。

教学"写出人物特点"这一课时,我就在分层推进中结合运用多种活动形式推进的方法。在根据我的姓名组词让学生初步了解我的特点之后,我便引导学生抓住我的外在特点写出我的内在特点,抓住事件写出我的特点,运用间接表现的方法从侧面写出我的特点。而在引导学生抓住我的外在特点写出我的内在特点时,我让学生先写再交流评点和现场互相修改;引导学生抓住事件写出我的特点时,我先讲故事,再引导讨论;引导学生运用间接表现的方法从侧面写出我的特点时,我先假设讨论,再出示一篇学生习作让他们评价和续写。

多种形式的学习活动，不仅丰富了学生课堂学习的形式，而且也有效推进了课堂的共生过程。

4. 采用分解共生原点或转换共生点等方式促进共生过程的推进。教学《阿房宫赋》时，我主要是以赋"铺采摛文""体物写志"的文体特点为共生原点展开教学的。这一特点包含了两方面的内容，我首先将这一特点分解为"铺采摛文"和"体物写志"这两个共生原点。这节课主要由两大板块组成，第一板块主要是体会、认识和理解"铺采摛文"的特点；第二板块主要是体会、认识和理解"体物写志"的特点。因为这句话引自《文心雕龙》，知识性也比较强，直接作为课堂教学的共生原点不是很适宜，所以我对它们分别进行了转换，通过更为具体的、分步的学习活动来实现教学意图。第一板块主要是将原文进行压缩留空让学生填空，然后还原到课文，再朗读体会；第二板块主要是改写结尾，然后和原作比较，引导学生从全文来认识结尾和前面铺陈的关系，最后再借助前面的压缩短文用三个关键词来概括全文的思路和内容，从整体上深化对赋"铺采摛文""体物写志"的认识和理解。

要说明的是，共生教学特别关注教学现场的教学价值，特别追求教学过程的开放性、生成性和多元性，但共生教学的教学过程必须保证课堂的成长沿着健康的方向，必须是积极向上的生长。这个积极向上的成长，首先体现在有明确的方向。我们看到一些课堂，气氛是热烈的，学生参与的热情是高的，交互性活动是充分的，但这样活动的目的到底是什么呢？谁也不清楚。这就是没有方向的乱生乱长。因此，共生教学的过程，必须体现教师对整个教学过程的有效引领，对学生学习行为的引领。越是共生的课堂，教师的引领责任就越重要，引领的意义和难度也就越大。如果教师没有体现引领作用，正说明这不是共生的教学。

案例 5

《山民》

师：今天我们欣赏一首现代诗。

不管是从高考的功利角度看，还是从同学们精神世界的丰富角度看，读一点现代诗，学会欣赏现代诗，写一点现代诗，都是必要的。今天我们用一节课和大家一起欣赏韩东的《山民》这首诗。

现代诗有一个很重要的特点，同时也是写现代诗的一个很重要的技术，就是分行和分段。将来有机会我再和大家来进行分行的训练。今天我们先从分段入手来学习欣赏这首诗。

同学们自由朗读这首诗，想一想，这首诗分几段比较合理？并说说理由。

（学生朗读，分段。）

师：大多数同学已经分好了，我们现在请两个同学交流一下，哪个同学先说说？

生：分四段。

师：分四段。第一段到哪里？

生：第一段到"他不作声了，看着远处"，第二段到"死在山中"，第三段到"儿子的儿子也还会有儿子"，剩下的就是最后一段。

师：请坐。和他的意见一致的同学请举手。

师：有没有不同意见的？请举手。

生：第一段不一样。

师：不一样在哪里？

生：第一段到"走不出这里的群山"。

师：到"他想，这辈子是走不出这里的群山了"，是不是？

生：是。

师：还有没有不一样的分法？

生：第一段到"山第一次使他这样疲倦"。

师：好的，看来第一段的分段分歧比较大。还有没有其他分段法？

生：我分成五段。

师：第一段到哪里？

生：到"山，还是山"。

生：第二段到"海是有的，但十分遥远"。

师：第三段呢？

生：到"死在山中"。

师："死在山中"，大家都分到这里。

师：好的，后面呢？

生：到"儿子就长大了"。

师："当他死的时候，儿子就长大了"，那"儿子也会有老婆"这部分呢？

生：变成第五段。

师：你分得特别细，请坐。

师：现在看来，如果暂不考虑最后一种最细的分法，那么其他同学的分法是，在"山中"这里要分开，意见很一致。前面有两处不同，有人到"远处"，有人到"疲倦"，有人到"群山"。

一般来说，诗歌的分段是最难的，因为诗歌的思路是跳跃的，结构比较模糊。但是我要告诉你们的是，好的诗歌绝对不是随意安排结构的，而是都隐藏着一个很有道理的结构。现在，同学们回过头来想一想，分段的依据是什么？我们要把依据找出来，不然就是凭空而论。

生：情节。

师：我们说小说、戏剧等故事性很强的文体可以用"情节"，说诗歌一般不用情节，除非是叙事诗。在这里，我们能不能换一个更好的说法？

生：内容。

师："内容"又太模糊、太宽泛了。再想想，还有没有更好的表达？

生：结构。

师：我们分段就是把握结构，通过"结构"来分析结构，有点绕。能不能在两者中间找一个概念？

生：思路。

师：我的理解也应该是抓住诗的思路——当然，你们说"情节"也不是

不可以。如果强调叙事，就是情节；如果淡化叙事，就是思路。如果立足于思路，你说说看，你是哪种方案？（指一生）

生：到"疲倦"。

师：你能说说道理吗？

生：我感觉——

师：对的，靠你自己的感觉。——从思路的角度看，认为第一段到"疲倦"的，举起手来。

师：好，绝大部分是如此。

师：韩东也是如此。什么道理呢？因为这是主要形象的第一次心理活动，也是诗中的形象第一次比较全面地呈现。诗歌总是有形象的，这首诗的主要形象是什么？

生：他。

师：第一段是写山中的那个人——他——对于山的追问和思考，从问到"疲倦"，活动就完成了，对不对？他怀疑了，也问了，问了之后结果也清楚了。

很多同学都同意第二段是到"死在山中"。大家为什么觉得到"死在山中"会是一个相对独立完整的内容呢？

生：因为前面说走不出群山，现在只能"死在山中"。

师：后面这个句子是围绕哪一个句子展开的？

生："这辈子是走不出这里的群山了。"

师："死在山中"是对这句话形象的演绎。同学们，再想一想这段内容是由哪一个字引起的？

生："想"。

师：前面写了这个山民的问，"疲倦"是问的结果。

师：问了几次？

生：两次。

师：问了两次之后，失望了，疲倦了。其实，从这里也可以得出第一部分不能划分到"群山"的原因。什么原因？大家想一想。

生："他想"的内容不仅是"这辈子是走不出这里的群山了"。

师：对。"他想"了哪些内容？

生："他想"的内容一直到"就已死在半路上了"。

师：诗歌的第二段是写他问之后的想。大家读一读这一段。

生：（齐读）

他想，这辈子是走不出这里的群山了

海是有的，但十分遥远

他只能活几十年

所以没有等他走到那里

就已死在半路上了

死在山中

师：大家想想，后面和"想"一脉相承的关键词是什么？

生："觉得"。

师：他"觉得"什么？哪些是"觉得"的内容？

生："觉得应该带着老婆一起上路"。

师：他为什么"觉得应该带着老婆一起上路"？

生：原因就是后面的一些句子。

师：大家读一读这些句子。

生：（齐读）

老婆会给他生个儿子

到他死的时候

儿子就长大了

儿子也会有老婆

儿子也会有儿子

儿子的儿子也还会有儿子

师：他这样想的结果是？

生："他不再想了 / 儿子也使他很疲倦"。

师：到此我们可以发现，下面一段应该到哪里？

生："儿子也使他很疲倦"。

师：那么，"觉得"和"想"之间是什么关系呢？

（学生没有反应）

师：如果在"他觉得应该带着老婆一起上路"前面加一个关联词，加什么比较好？

生：加"然后"。

师：当然可以。前后内容的确暗含着一个时间过程。可是从内容的角度呢？从他的心理角度呢？

生：加"因此"。

师：加"因此"？你的意思是前后是因果关系？因为"这辈子是走不出这里的群山了"，于是"觉得应该带着老婆一起上路"？

生：加"但是"。

师：加"但是"，表示前后内容是转折关系？——大家再想一想。"想"的结果是什么？"觉得"的内容又是什么？

生："想"的结果是就待在山里，一直到死。

师：大家再读一读这一段。

生：（齐读）

他想，这辈子是走不出这里的群山了

海是有的，但十分遥远

他只能活几十年

所以没有等他走到那里

就已死在半路上了

死在山中

师：因为觉得走出群山的结果只能是死在半路上，死在山中，所以不如不要离开这群山。这里的"就已死在半路上了／死在山中"能不能改为"就已死在半路上了／死在海边"？

生：不能。

师：为什么呢？

生：因为死在海边，说明已经看到了海。而这时的他觉得是永远看不到海的，是绝望的。

师："觉得"的内容是什么呢？大家再读一读后面的内容。

生：(齐读)

老婆会给他生个儿子

到他死的时候

儿子就长大了

儿子也会有老婆

儿子也会有儿子

儿子的儿子也还会有儿子

师：这里有一个词不断被反复。是——

生：儿子。

师：为什么要反复说儿子？

生：似乎是有希望。

师：至少不是绝望。他觉得应该带着老婆一起上路，因为带着老婆一起上路，死了也没关系，老婆会生儿子，儿子还会生儿子。这让你想到了谁？

生：愚公。

师：儿子的儿子也会有儿子，这告诉我们这次的"想"不是绝望的"想"，是有点希望的"想"。中国人要生儿子，一代代生下去。这近乎绝望又有点希望。可他是不是愚公？

生：不是。

师：为什么呢？

生：他最终没有行动，没有上路。

师：是的。他仅仅是"想"，仅仅是"觉得"。那么，我们再来看看，"想"和"觉得"两者是什么关系呢？

生：递进……转折……

师：你一会说递进，一会说转折，到底是什么关系？

生：我觉得是递进。

师：我喜欢听不同的声音。

师：你认为呢？

生：不是递进，有点顺承。

师：顺承和递进有点接近，但它更强调时空的关系，而递进更强调内容的深入。其他同学呢?

生:有点对比。

师:从表现手法看,说对比当然可以。从他的心理角度看,出现了变化和转折,表现出了矛盾。下面和"觉得"相呼应的是哪个词语?

生:"不再想了"。

师:"不再想了"的原因是什么?

生:儿子也使他很疲倦。

生:"他只是遗憾"。

师:大家把"也"这个词圈出来。为什么说"儿子也使他很疲倦"?这个"也"和哪个词呼应?

生:山第一次使他这样疲倦。

师:第一次的两次提问使他疲倦,这里想儿子"也使他很疲倦"。本来"儿子"使他"觉得应该带着老婆一起上路",现在儿子又使他疲倦了。

师:他一会儿这样想,一会儿那样想,一会儿又不想了。用一个词概括这种心理状态?

生:一会儿绝望,一会儿有希望,一会儿又绝望。

师:用一个词形容人物的内心世界?

生:矛盾。

师:是很矛盾。还有不同的描述吗?

生:纠结。

师:先是问,然后想,再觉得,还是想,最后不再想了。内容充满矛盾,内心非常纠结。还有不同的描述吗?

生:没有。

师:想到最后,是什么结果?我们可敬的山民有没有带着老婆儿子去看海?

生:没有。

师:他只是遗憾,但是没有那样做,想到最后放弃了。大海还是永远在天边,他不知道海是什么样子的。一开始问的时候,有没有希望?

生:没有。

生：有。

师：说说理由。

生：没有就不问了。问就是怀疑，就是想去。

师：现代诗不好读，但这位同学很会读，他读懂了"他"的心。一开始希望的小火花在心头燃烧，于是就问，得到的回答是否定的，于是失望，可是想到儿子，又有了希望，希望的火还是没有熄灭，觉得"应该带着老婆一起上路"，可是最后儿子也使他疲倦了。矛盾，纠结，犹豫，彷徨，没有行动，于是他始终没有能看到大海，只能永远待在山里做一个山民。

刚才我们抓住那些跳跃着呼应的词语，抓住人物形象的心理变化，抓住思路，通过分段的方法，厘清了诗歌的结构。其实，在这里我们认识了现代诗的一个很重要的特点——以意识的流动为主线，也认识学会了阅读欣赏现代诗的一个很重要的方法——抓住形象的意识的流动去把握诗歌的思路。

现在，我们回过头来看，这首诗的题目叫"山民"，是不是就是一个人？

生：不是。

师：一共有几个山民？除了他以外，还有谁？

生：他，还有他父亲。

师：父亲的父亲算不算？

生：算。

师：其他的有没有？除了父亲、祖先、他。

生：还有儿子。

师：是的。这首诗为我们展现了一群山民，一代代山民。现在，老师要问大家一个问题：这几个人物形象之间是什么关系？

生：相似。

生：相反。

师：有同学认为是相似，有同学认为是相反。

师：相反就是对比。谁和谁相反呢？

（学生无语）

师：相反，就是说他们身上有截然不同的品质。这几个人身上有什么样的截然不同的品质？

生：没有。

师：对。那么，四个形象全相似？

生：在精神上有相似的地方。

生：没有走出山，但是又都想走出山。

师：四代人都想走出山吗？

生：祖先想走出这座山。

师：祖先想走出这座山？有没有根据？读读最后两行。

（学生读最后两行）

师："他只是遗憾／他的祖先没有像他一样想过／不然，见到大海的该是他了"，我们能不能说祖先没有想过走出群山呢？

生：不能。

师：或者说不一定。祖先没有想过，这只是山民——"他"的猜想，而事实是可能想过也可能没有想过。我们看到的只是"他"想走出群山。他的儿子想走出群山吗？

生：可能想。

师：我想应该会想的，要不我们就看不到海了。而我们今天都看到海了。那么，他、祖先、儿子，他们的相似之处在哪里？

生：四个人都没有走出这座山。

生：大家觉得，四个人都没有走出这座山吗？

生：对。

师：儿子有没有走出去？

生：不一定。

师：也就是说人物形象之间是不一样的，表达要力求准确。相似，就是一致；相反，就是对比。有没有可能是对比？我觉得也是可以的。如果有对比，是谁和谁对比？

生：他和祖先对比。

师：有一定的道理。因为他问了，想了，甚至觉得应该带着妻子上路，而他的祖先可能都没有想过。但是我不太赞同相反和相似的说法，因为这样都只是看到他们之间的某些相同的东西，或者某些不同的东西，而且是割裂开来

第五章　共生课堂的共生之道

理解他们的关系的。我们已经排除了两种说法，同学们能不能想到更好的说法？

生：我觉得祖先可能也想过。

师：你还没有跳出刚才的相似和相反的概念，这四个人不完全相似，也不完全相反。要跳出这两种说法。

生：一代代在进行着突破和改变。

师：山民一代代地成长，一代代的梦想也更清晰。这个理解很独到，很有深度。我们很容易被别人的概念引诱。这位同学将四个形象作为一个整体来思考，很有道理。大家要注意，现代诗的形象之间的关系不是单一的，不是线性的。阅读欣赏现代诗，要善于多元、多维地理解诗歌的形象，打破一般的空间关系来理解。如果跳出了线性的、点式的思维，大家对这几个形象有不一样的认识和理解吗？

生：我觉得这几个形象是互补的关系。

师：他们融合在一起组合为一个整体的形象——山民。很有道理。其他同学呢？

生：我觉得祖先也好，儿子也罢，其实都是"他"。他就是山民。

师：看来同学们已经打破了常规的思考方法。的确如此，我们既可以将这几个形象叠合在一起理解，他们在不同的方面表现了一代代山民的梦和梦的破灭。他们是一群山民，又是一个个山民、一代代山民，也是那些不是"山民"的"山民"。在这首诗里，我们可以看到一代代山民的纠结，一代代山民的成长，一代代山民在逐梦。

师：好的，为了更好地欣赏这首诗，现在我们完成一个任务：改换结尾。

这首诗的结尾是三句话："他只是遗憾／他的祖先没有像他一样想过／不然，见到大海的该是他了。"现在，请同学们为这首诗换一个结尾，或者再加一个结尾。三句话、四句话都行。

（学生写作）

生：我加一个结尾：在将来儿子的眼中／他大抵也是祖先了。

师：你为什么加这句？

生：因为我觉得作者表达的还是每一代山民都有走出山的愿望，但是对于他的后代来说，他们并不知道他们的祖先是否有过这样的愿望，而他的后代同样也想到了这样一代代可以走出山,所以他的祖先也有可能是这样想的。

师:你的意思是,每一代山民都可能曾有过走出大山的愿望,可是都没有见到大海,而他们又会以为自己的祖先没有想过。看来,你很会阅读现代诗,已经跳出了线性思维。还有没有同学读一读自己的作品的?

生:悠悠的山里/传荡的是祖先的叹息/那对海的渴望。

师:说说为什么这样改。

生:我觉得他虽然觉得祖先没有像他那样想过,但是祖先其实有可能也像他那样想过,只是仅仅停留在想的层面。

师:最后留下的也是遗憾。敢想是好的,但是仅仅敢想是不行的。

生:我加的是:"有人问他,山的那边是什么/他说'山。还是山'"或者"他不作声,看着远处"。

师:这和原诗的开头很接近。可是为什么是"有的人"呢?大家觉得这样好不好?

生:不好。这样就多出了一个形象,而且和原来几个形象格格不入。

师:原诗是一家子,是一个家族。

同学们交流了几个不错的结尾。读诗,是和诗人进行精神对话。黄老师喜欢读诗,也喜欢和诗人一起进行再创作。我想了两个结尾,觉得写得蛮好的,你们评点一下。

第一个结尾是:

儿子小时候问他

"山那边是什么"

他说"是山"

那边的那边呢

"山,还是山"

儿子不作声了

看着远处

山第一次使儿子这样疲倦

师:喜欢黄老师的这个结尾吗?

生:我觉得和前面的是呼应的,写出了一代代人在山里走不出去。

师：表现了封闭的、守旧的精神世界还是没有被打破。你们知道老师写这个结尾写了多长时间？

生：两个小时吧？

师：不对。半个小时。所以，一首好诗的诞生有时候不是苦心经营的结果，结尾就这样写好了。——开玩笑的。好不好，还要再讨论。

再看另外一个结尾：

儿子小时候问他

"山那边是什么"

他说"是山"

"那边的那边呢"

"是海，好大好大的海"

儿子看着远处

眼中是海的波涛

认为这个结尾好的，有吗？

生：给人一种希望。

生：和开头呼应，但不重复。

师：情感在向前推进。

生：我觉得这个人有过希望，现在传给了儿子，结尾很巧妙。

师：黄老师写的两个结尾，哪个好？

生：第一个比较简单化。

生：第二个比较不自然，主题拔高得太快了。

师：好像很容易走出大山似的。

生：我觉得第一个好，第二个故意创造出特别美好的境界。

生：第一个将痛苦扩大到最大化，给读者带来更强烈的震撼。

师：不少同学喜欢第一个，但我自己更喜欢第二个。有同学觉得第二个过于理想化了。现在的问题是，原诗里有理想吗？

生：没有。他一直在山里。

生：没有。他最后只有遗憾，只有疲倦，只有抱怨。

师：他抱怨谁？

生：他说，"他的祖先没有像他一样想过／不然，见到大海的该是他了"。

师：有意思。他从这里读出了抱怨。有没有同学从诗歌里读出了希望呢？

生：我认为有。

生：在哪里？

生：就是你刚才说的那句话："他的祖先没有像他一样想过／不然，见到大海的该是他了。"这句话的意思是：祖先想过，他就可以看到大海了。那现在他想过了，那么他的后代就可以看到大海了。

师：有没有道理？

生：（齐）有。

师：是的。我很赞同他的观点，也很赞同他这样读现代诗。读现代诗，思维常常是要拐弯的。现在讨论：我的第二个结尾和诗人的结尾哪一个好？

生：我认为你的好。

师：你讲讲理由。

生：我觉得最后两句话，"儿子看着远处／眼中是海的波涛"，并不是说真的看到了海，而是眼波的流动。

师：这个评点很内行。如果改成"儿子看着远方／有一天他来到了海边"，就显得简单、幼稚。这就像口号，不是诗歌。要到海边，并不是那么容易的。

生：老师的结尾有寓言的味道，有震撼感。"眼中是海的波涛"还告诉我们，他有一天来到海边，实现了梦想，但大海是不平静的。

师：理解得很好。梦中的海边并不全是美丽的贝壳，还有大海汹涌的波涛。生活永远是一座山，也永远是一片海，生在山中，要去看海；身在海边，也要看山。山的高峰，会遮挡我们向远处眺望；海的波涛，也是人生的考验。

师：有不同的意见吗？

生：我认为作者的好，老师的两次改写都是儿子的视角，我觉得不应该是儿子的，应该是他的，因为全篇都在讲他这个人。

师：你的意思是，一首诗的形象应该保持一致性。山民的形象尽管是一代又一代的，但是作者主体塑造的形象还是他，非常有道理。更重要的是，韩东这首诗，不仅主体形象突出，而且诗歌的空间比我的更大，这是现代诗的一个非常重要的特点。我们前面说，写现代诗，分行分段很重要，其实也是为了拓展诗歌的空间。我的结尾最后都局限在儿子身上，局促在一个点上，写得太满，也落得太实。"他只是遗憾/他的祖先没有像他一样想过/不然，见到大海的该是他了。"我再问一个问题，最终见到大海的是谁呢？能不能说是他的儿子？

生：不能。

师：是的。这首诗告诉我们，寻梦是一个复杂艰难的过程，是一代代人的追寻。但我们要坚信，总归有一个儿子会走到海边，当然未必见到大海的是他的儿子、我的儿子，也未必是你们的儿子，或许是儿子的儿子，或许是儿子的儿子的儿子的儿子。

对于从没有见过海的人，心中有海是了不起的；对于心中有海的人，真正要走到海边，那是一个很漫长的过程。让我们一起看海去。

附：

山　民

韩　东

小时候，他问父亲
"山那边是什么"
父亲说"是山"
"那边的那边呢"
"山，还是山"
他不作声了，看着远处
山第一次使他这样疲倦
他想，这辈子是走不出这里的群山了
海是有的，但十分遥远

他只能活几十年
所以没有等他走到那里
就已死在半路上了
死在山中
他觉得应该带着老婆一起上路
老婆会给他生个儿子
到他死的时候
儿子就长大了
儿子也会有老婆
儿子也会有儿子
儿子的儿子也还会有儿子
他不再想了
儿子也使他很疲倦
他只是遗憾
他的祖先没有像他一样想过
不然，见到大海的该是他了

第六章

意义见证教学的存在
——共生教学的品质追求

让学习的成长看得见
——追求教学意义的实现

有人问我：共生教学的课堂有什么特征？语文课堂教学有多少矛盾就有多少种共生，所以共生教学的课堂有很多特点。如果要具体说，并不是一两句话所能回答的，但如果一定要用一句话来回答，那就是：共生教学，是看得见学习成长的课堂。

或许有人会疑问：共生教学和许多人提倡的"生长课堂"是不是一回事呢？我早就说过：一切妙境皆共生，一切好课皆共生。所有好课都指向同一个方向，只是表达会有所不同。但如果一定要从概念或者理念的角度加以比较和区别，那么共生教学追求的"学习成长"和所谓的"生长课堂"是有着显著区别的。当然，要从理念的源头来说，"学习成长"和所谓的"生长课堂"自然都和杜威的"教育即生长"有着紧密的联系。请大家原谅的是，我的很多想法主要来自教学实践和基于这种实践的思考，而不是来自对理论的学习尤其不是来自对西方理论的学习，往往只是在总结的时候会借助一些理论概念加以表述，甚至在我已经完成总结的时候才发现和某些理论的概念有着某种相似或相关的联系。当我接触到杜威的这一理念时，欣喜于自己的认识找到了教育名家的理论支持，但又感到深深的遗憾。因为我查检了很多资料，几乎所有的翻译都是"教育即生长"。我不懂英文，但按照我对"生长"和"成长"两个概念的理解，似乎应该翻译为"教育即成长"更为妥当。如果杜威所提出的教育理论"教育即生长"本来就是一般意义的"生长"，而不是翻译的失误，那我不能不说我的追求和杜威的理论是有着一定区别甚至是有着本质区别的。因为共生教学的课堂追求的不是所谓"生长",而是学生在课堂中获得"成长":既包含"人"的精神的成长,也包含学生学习的成长。对于前者,另有专文论述,在此则主要讨论学生学习的成长。

共生教学追求的看得见的学习成长,其内涵是多方面的,主要表现在如下三个方面。

一、学习问题的发现和解决

应该说,课堂教学中没有问题是目前课堂教学最大的也是最普遍的问题。语文教学自然也不例外,相当一部分教师的教学就是教"答案",教学过程就是教师提问题,学生找答案,学生知道答案,完成板书就大功告成。甚至有的教学,就是教师报答案,学生记答案,回家做作业填答案,更有甚者让学生背答案。这样的教学就是告诉学生什么是对的,什么是错的。与此相似的是,有的教师上课就是展示学生已经会的,而不是像应该做的那样让学生暴露存在的问题。某种意义上说,我们提出共生教学的一个初衷就是要改变这样的教学。因此,我在很多场合和老师们说:优秀的教师不是告诉学生什么是正确答案,而是让学生暴露错误的"答案";课堂上错误的答案越多,试卷上错误的答案越少。很多老师,课堂上没有错误答案,什么都是"棒""棒""棒",批改试卷就是"×""×""×"。问题就出在课堂上没有解决学生的问题,甚至不敢正视学生的问题,更没有让学生暴露问题。解决了学生的问题,就是学生学习的成长;让学生暴露问题,也是学生学习的成长。

因此,共生教学首先要善于发现学生的问题。

我经常说,学生课堂上的一切表现都有教学价值,常常既有其合理性,又有其不合理性,采取简单的肯定和简单的否定都是不对的。我们既要发现其正确之所在,给予他们必要的鼓励和认可,又要发现其需要纠正和完善的地方,引领他们走向正确的学习境地。教学杨绛先生的《老王》,理解"这就是一个幸运者对不幸者的愧怍"这个关键句时,很多学生认为作者之所以"愧怍",就是因为自己没有帮助老王。于是,我引导学生阅读文本思考:杨绛夫妇到底有没有帮助老王呢？如果帮助不够，他们又应该怎样帮助呢？同时，我又适当介绍了当时的社会背景，让学生认识到，当时的杨绛夫妇对老王的帮助已经到了力所能及的地步；然后再根据文本，尤其是抓住老王最后一次送油送蛋时双方的心理，解读杨绛真正"愧疚"的原因。我相信，这样的问题解决，就是学习的成长。其实，这既是语文学习的成长，又包含了学生精神的成长。

共生教学还要善于激发学生的问题。抓住学生学习中的问题，固然可以促进学生学习的成长，如果能够激发学生产生问题，则是更有意义的学习成长。教学《谏太宗十思疏》，我为学生提供了两个不同的版本：一个是删节较多的版本，另一个是几乎没有删节的版本。课文不同，注释更不同。我让学生进行比较阅读，提出自己的问题；然后先讨论怎样注释更好，再讨论文本的删节到底应该不应该。这样立足于学生问题的教学，比之于教师的串讲式教学，学生的学习成长是明显的。他们学会的不只是对一篇课文的理解，也不是比较两个文本的优劣，而是学会思考，学会发现问题，学会解决问题，进而学会学习。在这方面，钱梦龙先生教学的《死海不死》，可以说是一个非常经典的案例。这节课上，钱先生的教学主要就是两个板块，先是让大家说说哪些内容不需要教，然后集中讨论哪些内容需要教。无论是前者还是后者，他都是在激发学生自己去思考问题、发现问题。不需要教是因为他们已经解决了自己的问题，需要教是因为他们的问题自己觉得还不能解决。

共生教学更要和学生一起解决问题。基于问题的教学，发现问题、激发问题固然重要，但也要追求努力和学生一起解决问题。我们的很多教师在教学中总是绕着问题走，不仅不敢正视问题，不能激发问题，当学生提出问题时，也总是想办法躲开。或者是"时间关系，暂时不解决"，或者是"王顾左右而言他"。有的虽然敢于"正视"，也是形式化地进行"解决"，或者组织一通讨论了事，或者让大家课后探究，缺少诚恳的态度，更没有解决问题的行为。甚至有时候是教师要求学生提出问题，可当学生真的提出问题的时候，则又置之不理。当然，要解决问题，绝不是教师站出来给一个答案，也不是所有问题都要当场解决，而是有效地引导学生学会解决，对学生的问题解决有切实的帮助，至少能够表现出诚恳的态度。

二、学习行为的塑造和优化

什么叫学习？一种经典的解释是"行为的变化"。行为改变理论告诉我们：人和动物都有行为，但人的行为和动物的行为，其本质区别在于人的行为具有目的性、调控性、可塑性和创造性。所谓教学，就是基于人的行为的本质特征对"学"的行为进行调控和塑造，即通过教师的"教"来优化"学"的行为。由此可见，所谓教学，就是对学习行为的塑造和改变。

记得有一位外国学习理论专家说过，我们要像体育教练（体育教师）那样进行教学，因为体育教师对学生"行为的变化"能够起到非常显著的作用。比如教师要教学生学习跳高，他可以在简要的讲解和现场示范之后，让几个学生先跳一跳。接着，具体指出试跳学生动作的问题：或者助跑远了，或者起跳近了，或者跨竿动作不对。然后，再通过讲解和示范加以纠正与优化。可是对照之下，其他学科的教师却常常显得无能为力。一方面，现在很多学科教师，当然包括语文教师，缺少"现场示范"的能力，如果事先不把答案准备好，很多教师很难现场讲解和示范（比如数学教师现场做一道题目，语文教师现场解读一篇文章，或者现场写一篇文章），更重要的是不能像体育教师那样看出学生学习行为上的问题，并加以有效地纠正。当然，这和学科特点有一定的关系。因为体育学科的学习行为主要是外在的，而数学、语文等学科的学习行为更多的是内在的。这就对语文教师发现学生学习行为的问题提出了很高的要求。

纠正和优化学生的学习行为，首先要能够看到问题和错误背后的形成原因——不良的学习行为。很多教师的习惯做法是根据答案看到什么是正确的，然后对照答案看出什么是错误的，可是这对学生的学习成长意义并不大。因此，学生做了很多阅读练习，教师进行所谓的试卷评讲，即告诉他们什么是正确的，什么是错误的，学生并没有学会阅读，也没有提高分数。写了很多作文，教师进行所谓的作文评讲，也就是指出哪篇作文写得好，哪篇作文写得不好，学生并没有学会写作，也没有把作文写好。因为教师没有看到学生写得好的背后是什么原因，写得不好的背后又是什么原因，更没有纠正学生阅读的行为和写作的行为。

首先要塑造策略性的学习行为。比如，高考和中考的现代文阅读，学生得分普遍都比较低。绝大多数教师采取的对策就是多做练习，教给学生各种答题技巧。在他们看来，学生之所以得分比较低，就是练习做少了，没有掌握技巧。这就是没有看到学生学习行为的问题所在，或者对学生学习问题的诊断错了。无论是没有看到问题还是问题看错了，都不能达到纠正学习行为的目的。事实上，学生阅读题得分少，少数情况是因为命题问题，更多的是因为学生的阅读量太少，在语文课堂上没有学会阅读，考场上没有好好读懂文章就答题，或者文章读懂了却不能很好地表达自己的理解。如果我们能有效地纠正学生的这些学习行为，或许问题就能够得到解决。

　　在具体问题思考、具体学习任务完成中的学习行为纠正，同样也是非常重要的。可以说，学生对所有问题的错误回答，背后一定有一个错误的学习行为。教学作文课"写出认识的变化"，当我要求以"我最喜欢……"为题作文时，不少同学都是写"我最喜欢爸爸""我最喜欢妈妈""我最喜欢某某老师"。接着我再要求以"我曾最喜欢……"为题写作时，很多学生换了一个对象。这当然不能说绝对不可以，但这不是我希望的，因为这不能反映他们对人的认识的变化和深化。于是，我问同学们：作文题目由"我最喜欢……"换成了"我曾最喜欢……"，能不能还写同一个对象呢？还能不能继续写你们喜欢的爸爸妈妈和老师呢？基本上所有的学生都说不能。这反映了他们认识上的两个误区：第一，他们认为写到作文里的内容必须和生活中的完全一致，这才是真情实感；第二，在作文中不能写爸爸妈妈和老师的不好，这反映了学生认识的肤浅和简单。我便问他们：你们爱你们的爸爸妈妈和老师，难道对他们的认识从来就没有发生过变化？难道你们真的认为你们心中的爸爸妈妈和老师就一定没有缺点？作文要表达真情实感，就是对生活中的材料不进行加工吗？你们有时候觉得爸爸妈妈和老师做得并不对，可是却在作文中坚决不表达，这难道就是真情实感？我告诉他们：作文总是"半真半假"，好作文一定是进行适当加工的；写出爸爸妈妈和老师的缺点，我们还是爱他们，这才是更真实也更深刻的爱。很显然，我并不是就具体习作进行评点，而是从问题背后入手纠正他们内隐的学习行为上的问题。教学《乡愁》时我让学生为诗歌续写第五小节，当他们进行交流时，大家都能够直接评点好与不好。可是，当我出示自己续写的一节诗时,他们就一起欢呼叫好;当我展示作者自己续写的一节时,更是所有人都认为非常好。我让他们说说原因,他们的理由是:老师写的,当然好了;作者写的,当然最好了。我说:好与不好,不能看是谁写的,而是要根据诗歌的主题、结构和特点。只有能够看到学生学习结果背后学习行为的错误并加以纠正,才能让学生真正获得学习的成长。

三、学习意义的不断发现和丰富

我们以为,教育教学都是一种发现,教育就是引领学生发现人生的美好、生活的美好和世界的美好。凡是能发现美好的人,就会热爱人生、热爱生活、热爱这个世界。教学也是一种发现,不断发现知识的世界和学习的意义。

阅读教学就是带着学生在文本中不断发现,发现文本的意义和价值,发现文本的美和文化。共生阅读教学就始终秉着这样的追求。教学汪曾祺的《葡萄月令》,在认识到文章"说明文的内容、散文的意境和诗一样的语言"这样的特点之后,我会让学生思考一个问题:什么样的人才能写出这样的文章呢?有的同学说,熟悉葡萄的人;有的同学说,热爱生活的人;有的同学说,有文学才华的人。于是,我读了汪曾祺女儿写的关于这篇文章写作背景的一段话,问:听了这段话,你们有什么新的理解呢?于是,同学们发现作者不仅仅是一个熟悉种葡萄、有文化才华、热爱生活、乐观自信的人,更是一个能坦然地面对困境和打击的人,是一个身处逆境而能积极地面对生活的人。接着,我又要求学生根据课文内容用一个比喻来表述作者和葡萄的关系。在再次回读课文之后,学生发现作者是把葡萄当作孩子的,他和葡萄是父子关系。作者和葡萄园一起孕育了葡萄,作者就是一棵葡萄,他有着一颗葡萄一样的心。在这个教学过程中,我引领学生不断去发现文本,发现作者丰富的内心世界。可以说,我的每一篇课文的教学,每一节课的教学都是如此。

作文教学也是如此。现在不少教师的作文教学,就是向学生传授写作技巧,而我则致力于引领学生对写作的发现。教学"议论性材料的审题和立意",我设计的教学环节主要是:(1)学生阅读"一个人可以走得快,但不能走得很远,而一群人则可以走得更远"这则格言并作出自己的选择。(2)为自己的选择寻找充分的理由，要求每个人选择的理由不得重复其他同学，力求从不同角度进行思考。（3）寻找理由否定和自己对立的观点。（4）寻找理由否定自己的观点。（5）跳出"一个人走"和"一群人走"这样的二元对立来思考问题，提出新的观点。（6）跳出"一个人走"和"一群人走"这对矛盾，从这句话中发现新的矛盾，提炼观点。我想大家很容易发现，我的每一个教学环节，都是引领学生从一句简短的格言中发现丰富的理解空间，发现一则材料的理解和立意有着多层次的立意选择。"一则材料的多种运用"的教学，我引领学生发现一则材料可以有非常丰富的运用空间；"写出人物的特点"，我引领学生不断发现"我"的特点和表现"我"的特点的不同角度与层次；"记叙文情节的展开"，我则让学生根据一篇半成品作文，一次次地展开记叙文的故事情节，而每一次又都存在着多种选择的可能。我们觉得，很多学生写不好作文，就是缺少对题目、对自己内心世界、对生活的发现。有自己的发现，就会很容易写好作文。作文教学，教师就应该引领学生去发现写作，发现生活，发现自己。学生学会发现，就是最有意义的教学，就是学生的学习成长。

用语文的方式立德树人
——引领学生的精神成长

在一次讲座中和老师们交流时,一个老师说了让他苦恼的一个案例:

他让同学们以"妈妈的爱"为题写一篇作文。一个学生却写了一个加引号的"爱",列数了妈妈的种种不是:好吃懒做,成天打麻将,不关心自己,也不照顾爸爸,经常和老实巴交的爸爸吵架。这位老师很是想不通,一个女孩子,怎么会这样看自己的妈妈呢?于是,他就苦口婆心地引导这名女生,说:你为什么这样写妈妈呢?你就不能想一想妈妈好的地方吗?比如她很早起来为你做早饭,给你买了一件新衣服,陪你做作业……没有想到,这名女生越听越生气:她要是这样就好了!于是,老师又找来很多写母爱的诗文给这位学生读,试图唤起这名学生对妈妈的爱,可是这名女生冷冷地说:她不想看这些东西。

这位老师关注对学生的做人教育,培养学生对父母的感情,引领学生的精神成长,无疑是值得肯定的。但他的做法却值得讨论,不过这一做法也具有一定的代表性。无论是新课程改革之初强调"情感态度价值观",还是现在强调"立德树人",不少教师采取的方法就是简单说教。教学《有的人》,就是让学生说说要做什么样的人;教学《热爱生命》,就让学生说说如何热爱生命。课文写友谊就讨论友谊的重要,课文写青春,就讨论青春多美好……有时候看上去气氛很热闹,学生的发言也不失精彩,但效果却让人怀疑。因为人们早就发现说教式的教育效果常常并不理想,更何况是语文学科的"情感态度价值观"教育和"立德树人"呢？相比之下，这位老师已经不错了，他能够和学生好好交流，通过阅读来娓娓引导。可是他为什么也没有取得预想的效果呢？我们以为，一是脱离了学生实际，二是脱离了语文学科的实际。所以，我们提倡的共生教学，主张在具体的语文学习活动中引领学生的精神成长，体现语文学科的立德树人。

比如这位老师说的案例，既然是作文课，我们就应该在作文中解决问题。我们不妨和这名同学这样交流：看来你觉得你的妈妈和许多妈妈不一样，她有着许多你不喜欢的缺点。但所有妈妈都是有缺点的，你能发现你妈妈身上的优点吗？那么，你就以"妈妈的优点"为题写一篇作文。如果这名学生真的不能从妈妈身上发现优点，我们当然不能强势逼迫或者简单强加，可以这样交流：既然你现在还不能发现妈妈的优点，那么你就写妈妈的缺点，请你以"妈妈：你能改掉你的这个缺点吗？"为题写一篇作文。如果这名同学说：她不敢这么写，那么我们不妨这样交流：既然你不愿意直接写妈妈的缺点，我们可以换一个角度，你不喜欢妈妈现在的样子，那么你心目中的妈妈应该是什么样子呢？请你以"我心中的妈妈是这样的"为题写一篇作文，或许你的妈妈看了这篇文章就会改掉她的缺点，变成你喜欢的样子。或许这名学生还是不愿意，我们可以这样交流：既然不愿意直接写妈妈，那么你还可以转换一个角度，你不喜欢你妈妈现在的样子，那么将来如果你自己做了妈妈，会是怎样的呢？请你以"我会做这样的妈妈"为题写一篇作文。当然，可以采取的方案并不只是这些，这几个方案只是为了说明写作课要在具体的写作活动中引领学生的精神成长，培养学生的丰富情感。简单说，语文课只有实现语文学习和立德树人"情感态度价值观"的共生，才能既不失语文学科的特点，体现语文学科的价值，又能在培养学生语文学科核心素养的同时培养学生做人的素养。

通过具体的语文学习活动引领学生的精神成长，有着丰富的内涵和多种方式。

1.培养学生丰富美好的情感。

我一直觉得，很多初中教师教学《背影》，和小学教师教学这篇课文没有什么差别，都只是抓住父亲买橘这个片段理解父子之间的亲情。这样的教学，一方面对文本的处理比较肤浅简单，另一方面对学生亲情的培养也很简单，似乎父亲很艰难地为"我"买橘子才可见父亲对"我"的爱。我教学这篇课文，不仅会和学生细致品读这个片段，而且还会带着他们抓住具体的语句读出父亲和"我"之间的距离，读出父亲为了消除和"我"的距离所付出的种种努力，读出"我"如何渐渐理解了父亲的"不容易"，读出最后父子如何消除了以前的矛盾。最后，让学生完成"父爱如山一样"这样一个补写句子的活动。当学生写出"父爱如山一样厚重""父爱如山一样沉重""父爱如山一样内敛""父爱如山一样坚硬"这样的理解之后，我和他们说："黄老师补写的句子是'父爱如山一样坚硬而柔软'，因为世界上有一种爱叫父爱，它如山一样坚硬，也和所有的爱一样柔软。中国式的传统父爱就是这样的爱，我们生活中的爱有时就是这样的。"我想，在这样的活动中，学生对父爱、对人与人之间的感情一定有了更为深刻的理解，不会再简单地认为谁对我温柔谁就是爱，我要什么给我什么就是爱——这或许就是长大。

在几次作文课中，讨论到作文的选材时，都有同学说不能写爸爸妈妈和老师的缺点，因为他们担心这样写就不能表现对爸爸妈妈和老师的爱了。我说：发现爸爸妈妈的缺点，说明你们长大了，人都是有缺点的，但是爸爸妈妈有缺点我们还是应该爱他们，这才是更真实、更深刻的爱。我想，这也是在具体学习活动中培养他们对亲情的深刻认识。

2.培养学生健全的人格和健康的精神世界。

培养学生健全的人格和健康的精神世界，是立德树人和引领学生精神成长非常重要的内涵。如果通过说教的方式来体现这样的追求，效果一般都不够理想，而在具体的语文学习活动中培养健全的人格和健康的精神世界，常常会有很好的效果。

教学《我们家的男子汉》这篇课文，我设计的所有教学活动都在力求语文素养培养和男子汉精神培养的相融共生。其中，最主要的活动有三个：一是选择文章中人物的语言作为小标题替换文章原来的小标题，理解人物身上的男子汉精神；二是让学生说说男子汉精神最主要的是什么；三是根据课文内容完成小诗《小小男子汉宣言》："我是一个男子汉，自己的事情自己干。我是一个男子汉，男儿有泪不轻弹。我是一个男子汉，男子汉不怕有困难。我是一个男子汉，生活的挑战敢面对。我是一个男子汉，生活的责任我承担。"没有一句说教，但我相信学生一定会深深受到男子汉精神的教育。

教学《葡萄月令》这篇散文，在充分理解了文章说明文的内容、散文的意境和诗一样的语言这样的特点之后，我会让学生讨论这样一个问题：什么样的人才能写出这样的文章呢？有同学说"熟悉种葡萄的人"，有同学说"有文学才华的人"，有同学说"热爱生活的人"，有同学说"热爱劳动的人"。在肯定了学生的发言之后，我读了作者女儿写的关于这篇文章的一段话："不管别人怎么评价，我们知道，父亲自己对于《葡萄月令》的偏爱是不言而喻的。当年因为当了'右派'，他被下放到张家口地区的那个农科所劳动改造。在别人看来繁重单调的活计竟被他干得有滋有味、有形有款。一切草木在他眼里都充满了生命的颜色，让他在浪漫的感受中独享精神的满足。以至于在后来的文章中，他常常会用诗样的语句和画样的笔触来描绘这段平实、朴素、洁净的人生景色。果园是父亲干农活时最喜爱的地方，葡萄是长在他心里最柔软处的果子，甚至那件为葡萄喷'波尔多液'而染成了淡蓝色的衬衫在文章中都有了艺术意味，而父亲的纯真温情和对生命的感动也像'波尔多液'一样盈盈地附着在《葡萄》上。"当同学了解到写作的背景是"文化大革命"时期，作者被打为"右派"下放到农场种葡萄，仍能写出这样美的文字，仍能把种葡萄写得像诗像散文，便对作者有了更为深刻的理解：这是一个能够坦然面对生活的打击和不幸的人。

3.培养学生认识社会、认识生活的能力。

很多作品常常有非常深刻的主题，理解这些作品的主题是阅读教学绕不开的内容，最为常见的做法还是教师讲解或者用PPT直接呈现，这样生硬地灌输，效果很不理想。在我的阅读教学中，都是通过具体的语文学习活动让学生理解这样的主题的。

以教学《欧也妮·葛朗台》为例。巴尔扎克是著名的批判现实主义作家，《欧也妮·葛朗台》是他的代表作之一，深刻揭露了资本主义金钱对人性的扭曲，批判资产阶级金钱至上的人生观。但如果把这些主题直接讲出来，几乎就成了生硬的灌输。我的做法是：先在黑板上画一个失衡的天平，低下去的一边托盘里有一个方框，另一边高上去的托盘里有四个方框。我要求学生先根据课文内容在五个方框中填写适当的内容。经过讨论，大家基本一致地填出了有关内容：低下去的一边托盘里的方框中填的是"金钱"，高上去的托盘里的四个方框中填的是"女儿的生命""妻子的生命""女儿的爱情""夫妻之情"。再让学生根据图示连词成句写一句话，他们写道：在葛朗台的心目中，女儿的生命、妻子的生命、女儿的爱情、夫妻之情都没有金钱重要。学生在填词写句的具体活动中，理解了小说的深刻主题。

再如，教学鲁迅的小说《孔乙己》。就着孔乙己的悲惨命运和结局告诉学生科举制度对读书人的毒害和扭曲这个主题，不是不可以，但总觉得很生硬，于是我设计了一个写碑文的活动。先让学生根据课文内容写一个竖式的碑文：……之墓。他们很快就根据课文内容写出了"孔乙己之墓"。在问了这个名字的出处之后，我提醒学生：碑文中，在人的名字之前还有人物的身份，请大家在"孔乙己"之前再加一个身份。于是，有的学生加上了"读书人"，有的学生加上了"上大人"。我再让他们写一个横式的碑文：这里躺着一个……的人。这一次写法就很丰富了："这里躺着一个追求功名的人""这里躺着一个被科举制度害死的人""这里躺着一个被社会抛弃的人"。这表明，学生对主题的理解已经非常深刻了。当然，也有学生写的是"这里躺着一个热爱读书的人""这里躺着一个喜欢喝酒的人"。我再引导学生讨论：小说写的是孔乙己如何爱读书吗？如果写他爱读书，需要写他爱喝酒、自命清高吗？需要写他在孩子面前卖弄茴香豆的写法吗？需要强调他"是站着喝酒而穿长衫的唯一的人"吗？在这个写碑文的活动中，所有主题的理解都在其中深化了。

4.引导学生对美好人性的认识。

语文教材中，有时会涉及人性、生死等内涵深刻而复杂的问题。遇到这样的作品，教师作必要的讲解，也无可厚非，但常常很难讲得清楚，而且效果也不好。如果能设计适当的语文学习活动，则可以收到化难为简、变复杂为简单的效果。

对于《我的叔叔于勒》这篇课文，不少教师在教学中对主题的理解仍然仅仅定位在"认识资本主义社会人与人之间的金钱关系"上。这固然不能说错，但如果从作品的全貌和对学生更为深刻的思想引领来看，这样做并不能说非常理想。我教学这篇小说时，在引导学生认识到人和人之间的金钱关系之后问：在这样的金钱社会里，有没有人没有被金钱扭曲呢？"有。"同学们异口同声地回答。谁呢？若瑟夫。我问：在这样的社会里，若瑟夫长大后会不会变成像他爸爸妈妈一样的人呢？这时候矛盾出现了。有人认为会，有人说不会。在引导学生充分说出各自的理由之后，我出示了被教材编者删去的小说原文的结尾，让学生根据这个结尾补写小说被删去的开头，再根据这个开头和结尾讨论：长大后的若瑟夫有没有变成他爸爸妈妈那样的人呢？这样的活动，拓展了小说的阅读空间，对学生学会在阅读中加深对文本的理解起到了很好的启发作用，同时也让他们对人性的复杂和美好有了更为深刻的理解。

建立学生对生和死的理解，是教学《我与地坛》必须面对的问题。很多教师的做法是引入大量资料，与学生讨论如何看待生和死。我的做法是：先让学生找出课文的三个关键词：地坛，我，母亲；再根据课文内容，用三个词写一个句子。有的同学写道：让我悟到"死是一个必然降临的节日"的地坛，和赋予我生命、陪我走过人生低谷的母亲，是我生命的两个精神支柱；有的同学说：让我看到了生的乐趣和死的自然的地坛，和让我感到生的责任和意义的母亲，教给我向死而生的坦然；有的说，让我对生和死有了新认识的地坛，是我生命再生的另一个母亲；有的说，给我生命，又让我感受到活着的意义和责任的母亲，是我精神中的另一座地坛。我不敢说，学生对文本、对生死这样的复杂命题都理解了；但我相信他们一定认真思考了，并有了自己的感悟。

毫无疑问，立德树人、引领学生的精神成长，是语文学科必须承担的责任。但如果脱离了具体的语文学习活动，立德树人和"情感态度价值观"的培养就会成为空洞的说教。语文共生教学追求的是语文学习活动和立德树人两者的融合共生，相得益彰，让学生的精神成长和语文素养的提高共生共长。

教与学是一枚硬币的两面
——实现教与学的共生

教和学是课堂教学最主要的一组关系，也是课堂教学最基本的一对矛盾。课堂教学的很多问题，都集中体现在师生关系，或者说集中体现在教和学的关系之中。成功的课堂教学，最基本的要求是有教有学，教学相融。语文课堂教学的评价有诸多视角，但我们以为，从"教"和"学"是否融合的角度进行课堂诊断是最基本的维度：一看学生有没有学的活动，二看教师有没有教的活动，三看教师的教学活动和学生的学习活动是不是互相融合，四看学生的学习活动和教师的教学活动对学生语文素养的提高是不是有价值。遗憾的是，从这样的基本视角诊断语文课堂，教和学的关系中仍然存在许多值得关注的问题。

1. 无教无学。不少课堂其实也是最让人忧心的课堂，基本上是没有教也没有学的。比如以讲结论为主的课，上课就是教师把已有的结论告诉学生，什么是对的，什么是错的，哪篇文章好，哪篇文章不好，这个句子怎么理解，那个句子有什么含义，什么地方运用了什么方法，什么手法有什么效果。再如以答案为中心的课堂，教学过程就是教师提问题，学生找答案，学生找不到答案，教师就报答案，学生记答案。至于高三、初三，不少课堂就是教师拿着答案讲答案，告诉学生什么答案是对的，什么答案是错的，答案分为几个要点，是从文章的哪些句子中找出来的，主要有几种错误，分别会怎样扣分。又如上课就是播放 PPT 的课，整个教学过程就是以播放 PPT 或者视频为主，学生除了记PPT上的内容，几乎什么事也不做。

2. 有教无学。我们也经常看到一些课堂，教师的教学设计不可谓不用心，甚至可以说很精彩，教师上课很辛苦、很卖力，或者是滔滔不绝地讲解，或者是挖空心思地启发引导，想了不少办法进行调动鼓励，但学生常常无动于衷，一片漠然，师生之间格格不入。这背后的原因，一是教师的心中只有自己，备课只想着要讲哪些内容，而不想学生应该干什么、能够干什么。所以，他们设计的教学活动，纵然再精致，再有创意，也没有什么价值，因为对学生的学习没有什么意义。记得听一位老师教学《寡人之于国也》，老师让学生分小组讨论一个问题，结果学生活动一分钟不到，老师就说时间紧张不讨论也不交流了，然后匆匆忙忙用PPT补充了一段又一段的资料。学生讨论问题就"时间紧张不讨论"了，教师自己播放PPT就时间不紧张了吗？不少教师上课一心想的就是呈现自己、展示自己，把学生抛在一边。通俗地说，就是教师只顾自己玩，不带着学生玩。我经常和老师们说：你抛弃了学生，学生就会抛弃你；你不带着学生玩，学生就不再和你玩；等到有一天你想哄他们玩，他们都不和你玩。

3. 有学无教。有些课堂上，学生忙得不亦乐乎，活动不可谓不多，一会儿朗读，一会儿讨论，一会儿交流，一会儿表演，可是教师对学生的学却基本上没有帮助，最多就是一个主持人。所谓的教学评价，大多就是一味说好，或者带着学生鼓鼓掌，教师对学生的学习问题视而不见。我们常常看到学生主动提出问题的时候，有些教师不能正面面对，甚至有时候教师要求学生提出的问题，教师也置之不理，或罔顾左右而言他，或不知所云，陷学生于一片茫然之中。某种意义上说，这样的课堂比之前面两种情形，要好得多。不管怎么样，学生读书、讨论、交流，多少都会有一点收获。但作为课堂教学来说，这仍是极不正常的。教和学是一个过程的两面，缺少任何一面都不是"教学"。如果教师不能对学生的学习过程发生作用，尤其是在学生学习内容和学习行为出现问题的时候，教师不给予帮助，不引导解决，都是不应该的。有学无教的课堂，只是学生的自学，而不是课堂教学。

4. 教和学的脱节。我们经常发现，在一些课堂中，教师的教和学生的学是脱节的。教师讲的不是学生需要的，学生做的不是教师需要的；学生的问题教师不能加以解决，教师要求学生做的不是学生应该做的；学生需要教师讲的教师不讲，学生需要教师做的教师不做。最典型的表现是：教师的教不是为了学生的学，甚至和学生的学无关。有时候，一些教师在课堂提出的问题，并不是学生会出现的问题，也不是学生会提出的问题，或者也不是学生应该思考的问题。作文教学中一个最典型的表现是：有些教师先让学生根据要求写作，然后交流，最后便出示一篇自己的习作。教师为什么要在最后出示自己的文章呢？这对学生有什么作用呢？和学生的写作有什么关系呢？阅读教学中也常出现这样的情况，教师会莫名其妙地展示一些内容，安排一些活动，而这些内容和活动与学生的学基本没有关联。对学生要求的不合理、不明确，也属于这一类问题。比如，有些教师常常要求学生"概括地复述课文内容"，学生复述得太具体了，就说不够概括；学生说得比较概括，就说太简单了，不是复述。学生莫名其妙，无所适从。

5. 学是为了教。这是问题最严重的一种做法。教师的教不仅不能为学生的学服务，而且还让学生的学为自己的教服务，让学生为了所谓的教而学。学生做的事、思考的问题，不是对他们的学习有帮助，而是为了满足教师教学的需要，是为了"配合"教师的教学。记得一位老师教学黄河浪的《故乡的榕树》，其中一个环节是让学生用快板词的形式概括文章不同段落的内容。学生当然概括不出来，概括出来的，老师也说不像快板词。等到学生都交流之后，老师出示了自己概括的快板词，并且拿出一个道具"滴滴答，滴滴答"地说起了快板。这时候我才明白，老师让学生写快板词的原因不是这篇文章的内容适宜用快板词概括，也不是要训练学生学写快板词，而是他自己会写快板词。其实，这一类的做法还是比较普遍的。

我们以为，课堂教学的基本要求应该是教和学的相互融合，为学而教，因教而学；而共生教学追求的是教和学的共生，教促进了学，学推动了教。其主要的做法是——

1. 组织"教学一体"的活动，实现教就是学，学就是教，教中有学，学中有教，在教中学，在学中教。

在一些教师的认识中和课堂上，教和学是两个完全对立的概念，始终是互相分离的。《学记》引用《兑命》中的话说："学学半。"这句话告诉我们：

在教学过程中，教与学是一个事情的两个方面。明白地说，教就是学，学就是教，教中有学，学中有教，在教中学，在学中教。这正是我们共生教学所追求的境界。

一般来说，教师在备课中常常考虑的是，有哪些内容要完成，哪些知识要教给学生，这样就很容易导致教学活动仅仅成为教的单边活动。在《预约课堂的精彩》一书和相关文章中我们都特别强调，教学活动应该是教和学的和谐统一，只考虑如何教和如何学的教学设计与教学组织，都不是好的教学活动。理想的教学活动应该实现教就是学，学就是教，教中有学，学中有教，在教中学，在学中教，让教和学成为一个和谐融合的整体。

这方面，我教学的《阿房宫赋》可以说是一个非常典型的案例。这篇文章我教了好多年，也教了好多遍。起先的教学内容，就是让学生能够理解每一句的意思，基本的方法就是所谓串讲。后来发现，这样的教学实在是辜负了这篇"千古第一赋"。从文章、文学和文化的角度，这篇文章还有丰富的内容和价值。《文心雕龙》说："赋者，铺也；铺采摛文，体物写志也。"我发现可以用一个"赋"字，把《阿房宫赋》的所有内容拢到一起：作者采用铺陈的手法，写阿房宫规模之大、宫女之众、珠宝之多和耗费之巨；再用议论表达了自己的"志"，这其中体现了一个古代知识分子的天下情怀和责任意识。怎么写"志"的呢？分析六国和秦灭亡的历史教训，告诉后来的君主：六国的灭亡不是秦造成的，而是六国自己造成的，秦也不是天下人灭亡的，而是秦自己灭亡了自己，这是历史留下的一面镜子。于是，我教学《阿房宫赋》就从"赋"入手。一开始，我还是从概念入手，从这个知识入手，从这个判断入手，从这个结论入手，让学生到文章中找具体的例子，再分析、讨论、小结，得出一个结论：赋是什么样的文体，语言有什么特点，如何表达自己的思想。可是我发现效果很不理想，因为这样的教学，教和学是隔离的，或者说只有教没有学，甚至可以说没有教也没有学。学生所做的事情就是按照我的要求去找，记下我讲的内容；而我就是发出指令让学生去找句子，然后再把已经有的知识和结论告诉学生。当我的共生教学思想已具雏形之后，我便设计了一组既是教又是学的教学活动。其中一个主要活动是将课文前面铺陈的内容压缩为"阿房之宫，其形可谓（　）矣，其制可谓（　）矣，宫中之女可谓（　）矣，宫中之宝可谓（　）

矣，其费可谓（　）矣，其奢可谓（　）矣。其亡亦可谓（　）矣！嗟乎！后人哀之而不鉴之，亦可（　）矣！"这样一段话让学生填空。这段话是我根据课文缩写的，要用它引导学生去阅读课文，感受和认识赋"铺采摛文"的语言特点和表现手法——这是教的活动。学生自己要认真阅读文章，概括文本有关语句的内容，推敲合适的字词填写在括号中——这也是学的活动。更重要的是，在这个过程中，教是发生在学之中、学是发生在教之中的。学生参与了我的活动，我也参与了学生的活动。没有学生学的精彩，就没有我的教的成功；没有我的教的体现，学生的学就没有理想的效果。事实上，很多学生所填的词语比我预想的好，但我一直没有修改既定的参考答案，因为这个参考答案是次要的。还有一个活动是，我写了"观古今之成败，成，人也，非天也；败，亦人也，非天也。成败得失，皆由人也，非关天也。得失之故，归之于天，亦惑矣！"这样一段话替换了原文的结尾，让学生比较两个结尾的不同表现效果。这也是一个教与学高度融合、互相共生的活动。根据自己的思考，我写了这样一段话，替换原文的结尾，用它来引导学生理解文本的思想内容和认识"体物写志"的结构特点——这是教的活动；但这也是一个学的活动——学生要进行比较，就必须从语言特点、思想内容和文章结构等多方面进行比较思考和讨论。同样，这个教学活动的目的，不是告诉学生谁的结尾更好（这是不用讨论的），而是在这样的教与学的统一活动中深入解读文章的思想内容，充分认识"赋"体文章的特点，同时理解作者和古代知识分子的家国情怀。

2. 基于课堂教学特定情境的需要，随机实现教师和学生两个角色的交替互换。

在《教练和陪练：共生教学对教师角色的新定位》一文中，我们指出：在共生教学之中，教师角色就是教练和陪练的统一体。要强调的是，陪练并不是陪玩，陪练是教的方法和过程，陪练就是教师的"练"，不是为了自己学会，而是为了让学生更好地学会。就是说，陪练的游泳不是为了自己学会游泳，而是为了让学习者学会游泳和游得更好。乒乓球运动员的陪练，拳击运动员的陪练都是如此。好的教练常常首先是陪练。很显然，在共生教学的基本理念之中，教师不仅仅是一个单纯的教的角色，而是一个"教练和陪练"的双重角色的统一，前者强调"教"的角色身份，后者强调"练"的角色身份。我们是教学生学习的教师，也是和学生一起学习的学生，就像随时准备跳进游泳池和学生一起游泳的游泳教练一样。但我们知道很多教师把这两个角色分得很清楚，自己固守的就是一个教的角色。上课就是发号施令，对学生提出要求，对学生的学习进行评价，判定学生学习成果的优劣正误，甚至就是批评和指责。我们常常见到一些教师指导学生朗读课文，先是讲一通朗读的知识，如何轻重，如何延长，如何停顿，如何用气，然后就是让学生按照教师的指导进行朗读，或者是个别朗读，或者是集体朗读。教师就是评点谁好谁不好，甚至学生反复练也不好的时候，他也绝不愿读一句，更不愿和学生一起读，即使和学生一起读的时候，也是分工明确，各司其职。有些教师上课经常说，下面请听老师范读一下课文，这就是典型的表现。

《学记》里说："善歌者，使人继其声；善教者，使人继其志。"所谓"继其声"，就是大家跟着一起唱；所谓"继其志"，就是大家跟着一起思考。课堂里的读书绝不是剧场的大合唱，要讲究声部和分工、程式和配合，更不是演戏，各人的任务就是演好自己的角色。在我的课堂上，我和学生的角色并不是非常明确，而是经常互相越位的。我常常和大家一起读书，我读的时候你跟着读，你读的时候我也跟着读，讨论问题时也是你说说我说说。所以，我们提倡的共生教学的一个核心主张就是"大家一起学阅读，大家一起写作文"。教学《黔之驴》，按照我的备课，是在学生朗读之后（我估计他们读不出文言文的味道）我再读，然后领着他们一起读。有一次，第一个读的同学就读得非常好，比我好多了。于是，我就让他带着大家一起读，我也跟着一起读。当然，如果遇不到这样的同学，我就再领着他们一起读。教学《白雪歌送武判官归京》，其中有一个环节是让学生找一个自己认为能够体现"诗中有画"的句子，描述诗句的画面。一般情况下，学生都会挑"忽如一夜春风来，千树万树梨花开""山回路转不见君，雪上空留马行处"等一些他们自己认为容易的进行描述。似乎不容易看出画面的诗句，他们便不再描述。这时候怎么办呢？在等待鼓励一番之后如果还没有人响应，我就会转换角色，主动介入学生的学习行为。我说："好。刚才是你们描述，我主要是评点。现在我来描述，你们进行评点。"于是，我就会挑一些诗句进行描述让他们发现错误（我一定是隐藏着错误的）。这时候，我和学生的角色就互换了，我是学生，他们是老师。其实,从另一面来看,我还是老师,他们仍然是学生,教和学的双边角色在这里并不是容易分得清楚的。有意义的是,接下去,他们也会接着对一些不容易看出画面的诗句进行描述。活动到此并没有结束。对那些他们自己认为容易看到画面、容易进行描述的诗句,我还要在他们描述的基础上提高要求进行集体描述。比如"忽如一夜春风来,千树万树梨花开""山回路转不见君,雪上空留马行处",从这几句诗中看到画面是容易的,但很好地描述意境并不容易。我会和学生一起围绕这些问题展开深入讨论:"千树万树"是什么样的树?"梨花"和雪花有什么样的共同点?雪花又是什么样的雪花?是一朵一朵还是一片一片的?是一团一团还是一堆一堆的?"山回路转不见君,雪上空留马行处",如果根据这句诗画一幅画,画面应该有哪些内容?要不要有人?是什么样的人?通过这个案例可以看出,在共生教学的教学活动中,教和学是难以简单分开的,教师和学生的角色随时随机地进行互换又互相融合。

3. 教师积极介入学生的学习行为,并引导学生介入教师的"教学"行为,实现教和学两个行为的互相融合。

毫无疑问,在教学过程中,教师首先要能够承担好自己的"教"的角色。我们以为,教师的课堂角色主要体现在三个方面:一是组织教学过程,二是引领学生学习,三是对学生提供学习支持。第一个任务主要是组织教学活动,控制教学节奏,防止教学过程的跑偏和失控;第二个任务主要是激发学习兴趣和学习动力,明确学习方向和要求,不断把学生带进新的学习领域;第三个任务主要是适时对学生的学习行为和学习成果进行评价,更重要的是在学生需要的时候,提供帮助和支持。

然而,我们提倡的共生教学还有更高的追求。共生教学要求教师在承担好上面三个角色的基础上,还要能够积极介入学生的学习行为,并且引导学生介入"教"的行为。而这一特点在共生写作教学中体现得尤为突出。可以说,每一节写作课,我都会介入学生的写作过程。比如教学"记叙文情节的展开",我以一篇学生作文《满分》为共生原点,安排了四次写作活动。学生的每次写作活动,我都和他们一起思考、讨论,一起优化方案。当最后一次讨论结尾的写作时,我先让大家比较原作者和他母亲写的两个不同结尾的优劣长短,再补写一个结尾。在学生写出了一两个结尾感到并不满意甚至有的学生写不出的时候，我便写了几个不同的结尾供他们讨论，以启发他们的思考。在教学"写出认识的变化"时，我不止一次根据学生的思考和讨论，把他们原来并不清晰的思考清晰化，然后顺着他们的思路现场口头作文，再让他们讨论：这样写好吗？尤其是有些学生的思路初步打开还不够清晰的时候，我会进入他的思路，帮他把思路打开，然后再和他一起进行斟酌，怎样的思路更好。

有些教师觉得，教师介入学生的学习行为是比较容易做到的，而让学生介入教师的思路是不大可能的。多年的教学实践告诉我们，并不是如此。我教学的"用'感激'唤醒'感动'"这节课可以说是一个典型的案例。那是一次普通的作文训练课，题目是"感动"，我觉得这个题目很适宜高一学生的写作训练。可是作文收起来一看，比预想的要差得多，一个普遍的问题是没有"感动"。我教的班级是我们学校学习成绩比较优秀的班，可是几乎没有让我满意的作文。我找了几个同学聊天，问他们为什么写得不好时，他们几乎异口同声地说：没有什么好写的。是的，这就是问题的症结所在，因为他们看不到生活中能让他们感动的事。怎么办呢？讲讲写作要关注生活的道理，做人要懂得感激的道理，都是容易的，但往往没有什么效果。我的做法是讲自己的生活故事，讲自己的写作困惑，让学生参与到我的写作中来。于是，我讲述了自己在生活中遇到的一件事，说了我准备把它写成文章的思考，让学生为我的材料确定主题；在学生的思维停步不前时，我再谈自己的想法，引发学生讨论，师生互相共生；最后，我顺势利导，归纳经验，讲评作文，引导学生"再度写作"，取得了不错的效果。类似地，请学生帮助我解决写作困惑，参与我的写作构思活动，让学生在这样的活动中学习写作，我是经常进行的。我的长篇小说《红茅草》的创作，当时任教班级的学生不止一次介入了写作活动。

案例6

《春江花月夜》

师：今天和大家一起欣赏一首唐诗，大家已经知道题目了吧？

生：（齐声）知道了。

师：下面我来写题目，我写一个字，你们念一个字，念完了，请大家回答一个问题：这首诗的题目有什么特点？第一个字是——

生：（齐声）春。

师：第二个——

生：（齐声）江。

师：第三个——

生：（齐声）花。

师：第四个——

生：（齐声）月。

师：第五个——

生：（齐声）夜。

（板书：春江花月夜）

师：好，回答一个问题：这首诗的题目和你们以前学过的唐诗的题目有什么不同的特点？我们学过很多诗了吧？李白的《蜀道难》《将进酒》，杜甫的《春望》《望岳》《江南逢李龟年》。这首诗的题目和以前学过的诗相比，有什么特点？

生：（异口同声）不知道。

师：哦，不知道就想一想。有同学能说说什么特点吗？

生：这首诗的题目是五个意象叠加在一起的。

师：对！你们看这个同学就很敏锐。为什么我要让你们一个字一个字地读啊？就是要让你们感受一下题目的特点。哪个同学能说说以前学过的哪首诗的题目是由五个意象组合而成的？有没有？没有。只有一首诗的诗句跟这有点相似，也是由一串意象组合而成的。是哪一首？

生：(齐声)《天净沙·秋思》。

师：对，马致远的一首小令，准确来讲是《秋思》。

(师生共同背诵：枯藤老树昏鸦，小桥流水人家。古道西风瘦马……)

师：这样一个题目，有人概括为"它是由一组意象群组成的"。

(在诗题前板书：意象群)

师：题目的特点反映了这首诗很重要的一个特点。是什么特点呢？就是意象丰富。

(板书：丰)

师：当然，意象丰富不仅是指题目中的这五个意象，诗里面还有很多。那么，这五个意象在全诗中是如何体现的呢？又有什么作用呢？这是我们下面要思考的问题。现在，请大家自由诵读诗歌，到诗里面去找一找有关诗句。我们分组完成。你们这个组，找全诗中有"春"的诗句。你们组是"江"，你们组呢？对，是"花"。你们组呢？是"月"。最后一组是"夜"。看到你们要找的那个字，请大家把它圈起来。

(学生自读，找有关诗句。)

师：第一组，哪个同学跟大家说一说你找到了多少个有"春"的诗句？

生：4句。

师：第一句？

生：春江潮水连海平。

师：第二句？

生：何处春江无月明。

师：他说的时候大家要干什么啊？圈圈，他说的时候你们要跟着说，多说一遍印象就更深刻。好，第三句？

生：可怜春半不还家。

师：大家有没有找到？好，第四句呢？

生：江水流春去欲尽。

师：有没有同学有补充的？没有，这位同学的读书习惯很好，看书很细，有"春"的诗句是4句。

(在诗题"春"下板书：④)

第六章 意义见证教学的存在

师：第二组哪个同学来说说？多少个诗句有"江"？

生：（齐声）12句。

（师在诗题"江"下板书：⑫）

师：第一句？

生：春江潮水连海平。

师：第二句？

生：何处春江无月明。

师：第三句？

生：江流宛转绕芳甸。

师：第四句？

生：江天一色无纤尘。

师：第五句？

生：江畔何人初见月。

师：第六句？

生：江月何年初照人。

师：第七句？

生：江月年年只相似。

师：还有第八句？

生：不知江月待何人。

师：第九句？

生：但见长江送流水。

师：第十句？

生：江水流春去欲尽。

师：第十一句？

生：江潭落月复西斜。

师：第十二句？

生：落月摇情满江树。

师：还有没有了？没有了，这个同学看书也很仔细。第三个，"花"，哪个同学来说一说？

生：(齐声)两句。

师：就两句吗？第一句在哪里？

生：月照花林皆似霰。

师：还有一句呢？

生：昨夜闲潭梦落花。

师：有没有补充的？好，没有，只有这两句。

(在诗题"花"下板书：②)

师：请哪位同学来说说"月"？好，就是你了。你找到几句有"月"的诗句啊？

生：(齐声)15句。

师：15句啊？好的，第一句在哪里？

生：海上明月共潮生。

师：第二句呢？

生：何处春江无月明。

师：第三句呢？

生：月照花林皆似霰。

师：第四句？

生：皎皎空中无月轮。

师：第五句？

生：江畔何人初见月。

师：第六句？

生：江月何年初照人。

师：第七句？

生：江月年年只相似。

师：第八句？

生：不知江月待何人。

师：第九句？

生：何处相思明月楼。

师：第十句？

生：可怜楼上月徘徊。

师：第十一句？

生：愿逐月华流照君。

师：第十二句？

生：江潭落月复西斜。

师：第十三句？

生：斜月沉沉藏海雾。

师：第十四句？

生：不知乘月几人归。

师：第十五句？

生：落月摇情满江树。

师：就这15处吧？有关"夜"的呢？这位同学，有几句啊？

生：两句。

师：就两句吗？第一句是？

生：谁家今夜扁舟子。

师：第二句？

生：昨夜闲潭梦落花。

（师在诗题"月"下板书：⑮；在"夜"下板书：②）

师：加上数字以后，大家再看题目，你们能发现这首诗有哪些特点？

生：意象"江"和"月"最多。

师："江"和"月"最多，如果考试这个题目3分的话，你的回答最多得1分。什么多，什么少，没有体现你的思考。"江"很多，"月"很多，这个答案是从哪里来的？是从这两个数字得来的。我们学语文应该用语文的思维去思考问题，用语文的方法去解决问题。你能说说由此可以看出哪些特点吗？

（学生沉默，思考。）

师：我们现在来看这两个较多的意象，哪一个更多呢？

生：月。

师：对，"月"多，在全诗中起到什么作用？

生：全诗以写月为主，月是最主要的意象。

师：对，在这个意象群中，主要的两个意象是"江"和"月"，这就是张若虚这首诗很明显的一个特点。写月亮的诗在古诗里太多了，相信同学们能背一大串。但是张若虚写的月亮是哪个月亮啊？

生：江上的月亮。

师：对，江上的月亮，江中的月亮，江边看的月亮。我们读诗也好，读文也罢，一定要捕捉到它特别的地方。月亮不仅是一个核心的意象，更重要的是还是全诗的主线，串连、贯穿了全诗的整体。下面我们来看，这首诗如何在多个意象中以"月"为主线、以"月"为主体的？进而看看张若虚看到了一轮什么样的月亮，张若虚心中又有一轮什么样的月亮？写"月"的第一句是哪一句呢？

生：春江潮水连海平。

师：春江潮水连海平。春江连着海，江越来越宽了。（边说诗句，边在黑板上从左到右画江流入海的简笔画）第二句是什么呢？

生：海上明月共潮生。

师：海上明月共潮生。这轮月亮在哪里呢？是在海面上，还是在海的上空呢？春江潮水连海平，海上明月共潮生，是在海面上"生"，还是在海的上空"生"呢？（边说诗句，边在黑板上的海面和空中画月亮）认为在海的上空"生"的举手？（没人举手）这个问题很关键。大家注意"海上明月共潮生"，是什么"shēng"啊？

生：（齐声）共潮生。

师：这等于没有回答。是在海面上"生"，还是在海的上空上"升"呢？

生：（齐声）共潮生——是在海上"生"。

师：我不知道你们说的是哪个"shēng"。如果是在海面上"生"，就是明月从大海的怀抱里诞生了（板书"生"）；如果是在海的上空，就变成了这个"升"（板书"升"）了。我们再把这两句诗读一下。

生：（齐读）春江潮水连海平，海上明月共潮生。

师：一轮明月从海面上生出来了。"滟滟随波千万里，何处春江无月明。"刚才我们看到的是一轮"初生之月"，月光洒遍了大江上下、大江南北。

（板书：初生之月）

师：这是黄老师看到的月亮，你们读读后面的诗句，作者写了初生的月亮之后，你们还能从诗中看到什么月亮？哪个同学来说一说，你从哪些诗句看到了什么样的月亮？

生：一轮被打碎了的月亮。

师：你从哪里看出来月亮被打碎了？

生：滟滟随波千万里，何处春江无月明。波光潋滟，月光洒在水面上，水面显得波光粼粼，所以月亮是被打碎了。

师：这位同学体会得很细。月光、水面、波光粼粼，正是反映了月光的照耀。但月亮没有碎，这是月光洒照在江面上。其实是一轮"朗照之月"，静影沉璧，浮光跃金。

（板书：朗照之月）

师：下面再看，"江流宛转绕芳甸，月照花林皆似霰。空里流霜不觉飞，汀上白沙看不见"——这四句还是在写"朗照之月"吧？到处都是月光。"江天一色无纤尘，皎皎空中孤月轮。江畔何人初见月，江月何年初照人。"从这几句中，你们看到了什么样的月亮啊？

生：孤月。

师：读诗概括理解最简单的办法是从诗里找关键词。如果请你在"孤月"前边加一个修辞词，加什么比较好？

生：皎皎。

师：皎皎孤月。（板书：皎皎孤月）

师：这是最简单的方法，从诗中概括。有没有同学不同意这个概括的？

生：我觉得它是一轮永恒的孤月。

师：你怎么看出"永恒"了？

生："江畔何人初见月，江月何年初照人。"没有人知道它从什么时候开始普照大地的，也没有人知道它是从什么时候开始照人的。

师：非常好，你看，这就是冷静的思考，有深度的思考。接下来，我们一起读——江畔何人初见月，江月何年初照人。人生代代无穷已，江月年年只相似。后面还有没有了？还有。——不知江月待何人，但见长江送流水。

（板书：永恒之月）

师：看到皎皎之月是比较感性的人，看到背后的永恒之月的人是有哲学思考的人。现在，有两个人是这样的人，一个是张若虚，一个是刚才回答问题的那个同学。你们从后面的诗句中看到了什么样的月亮？

（教师读下列诗句，学生跟读：白云一片去悠悠，青枫浦上不胜愁。谁家今夜扁舟子，何处相思明月楼？可怜楼上月徘徊，应照离人妆镜台。）

师：在这里我们看到了什么样的月亮？

生：相思之月。

师：中国古诗里有无数的诗都是在写这一轮相思之月，李白的"床前明月光"是思念故乡的，苏轼的"明月几时有"是思念弟弟的……写相思的月的古诗太多了。（板书：相思之月）

师：你们觉得诗中哪些句子是写相思之月的？"相思之月"还可以概括为什么？

生：愁月。

师：相思肯定就是"愁"。诗里哪个句子、哪个词语表现出了相思的情绪、相思的愁？

生：徘徊。

师：对，也可以用"徘徊之月"来概括。（板书：徘徊之月）

师：月亮在空中徘徊，表现了相思的缠绵和惆怅。那么，哪两句最能体现相思徘徊呢？我们还是要和具体的诗句相勾连。

生：可怜楼上月徘徊，应照离人妆镜台。

师：对。注意这个"可怜"，和我们今天的"可怜"相同吗？这个"可怜"是什么意思？

生：可爱。

师：是的，可爱、美丽。这个月亮太可爱了，太理解人的心了，想去又舍不得离开。"离人"是什么意思？

生：离开的人。

师：有不同的理解吗？

生：分离的人。

师：对的。一般说"离人"是指离开的人，而这里指的是双方。指离开家的人和在家思念离家的人的人。那这里的"离人"是男的还是女的？

生：女的。

师：有没有男的？没有男的吗？大家都是这样理解的吗？我们举手表决，认为这个"离人"单指女人的请举手？（几个人举手）

师：认为单指男人的请举手？（几个人举手）

师：认为既指男人又指女人的请举手？（几个人举手）

师：这让黄老师有点失望了。我前面已经说过，这个"离人"一般是指漂泊在外的人，但是常常——包括这首诗——既指漂泊在外的人，又指在家里思念着漂泊在外的人的人。再来表决一次，单指女人的请举手？（无人举手）认为单指男人的请举手？（无人举手）认为既指男人又指女人的请举手？（学生举手）

师：嗯，这还差不多。（学生笑）你们想一想，过去的女人会不会在外漂泊啊？（学生：不会）过去漂泊在外的都是男人，为功名，为名利。那么"相思之月"还体现在哪里？哪些诗句是最典型的呢？

生：谁家今夜扁舟子，何处相思明月楼。

师：谁家今夜扁舟子，何处相思明月楼。"扁舟子"是男的还是女的？

生：男的。

师：扁舟子是在江上的小船上，他在干什么？（在黑板上画舟和人的简笔画）

生：看月亮。

师：看月亮是假，其实是在干什么？

生：思念。

师：想人。想哪个人？

生：家人。

师：家里的人在哪里？用诗句来回答。

生：明月楼。

师：对，在明月楼上，在妆镜台前。（在黑板上画明月楼、妆镜台的简笔画）也就是说，远离江边的地方有一座明月楼，明月楼上有一个妆镜台，妆镜台前有一位美丽的、可爱的女子。这个女子在干什么？

生：看月亮。

师：看月亮也是假的，实际上是在干什么？

生：想人。

师：啊，古人的相思多么浪漫。我们今天有了手机、微信，很方便，但是破坏了相思时的诗情画意。你看，我在扁舟上看着月亮，你在家里的明月楼的妆镜台前看着月亮，这个时候月亮成了情感的中转站。所以古人相思，我看月亮，你也看月亮，我们的心是连在一起的。（在黑板上用线条连接月亮和舟子、月亮和明月楼妆镜台）什么叫浪漫啊？这就叫浪漫。更浪漫的后面的诗中也讲了，此时相望不相闻。什么意思？我看着月亮，你看着月亮，我们相互看着，但是听得到吗？

生：听不到。

师：更浪漫的是哪一句？

生：愿逐月华流照君。

师：它的浪漫在哪里？愿逐月华流照君，月华是什么？（生：月光。）我愿意随着月光照到你的身上。请同学们用浪漫的语言描述一下这个诗句。

生：我愿意乘坐月光的飞船飞到你的身边。

师：是浪漫。但现代色彩太浓了。

生：我愿意和皎皎的月光一起撒到你身上。

生：我愿意成为皎皎的月光照到你身上。

师：都很浪漫。——这个"君"指的是男的还是女的？

生：女的。

师：啊？是女的、男的？还是都有？

生：都有。

师：还有同学犹豫不决。如果只有一个，就是……

生：单相思。

（学生笑）

师：单相思，说得非常好。不仅是单相思，而且他们的爱情是不对称、不美丽的。请记住：不对称的爱情是不美丽的。你们懂了吧？我在这里看着月亮，愿意像月光一样照在你的身上，你也愿意像月光一样，照在我的身上。这是多么美丽的浪漫，多么美丽的相思啊。好了，这之后还看到了什么样的月亮啊？"昨夜闲潭梦落花，可怜春半不还家。江水流春去欲尽，江潭落月复西斜。"这是什么月亮？

生：落月。

师：什么样的落月呢？修饰一下。

生：西斜。

师：对，"西斜落月"。（板书：西斜落月）有没有哪个同学想到更好一点、更有诗意、更能把握诗的意境的概括？（教师读诗句，学生跟读）："斜月沉沉藏海雾，碣石潇湘无限路。不知乘月几人归，落月摇情满江树。"有没有同学想到更好的？"西斜之月"是一种概括，还有没有其他概括？

生：摇情落月。（师板书：摇情落月）

师："摇情落月"，有没有同学还有更好的回答？我觉得还应该有更好的，"斜月沉沉"，我们可以把它倒过来说。

生：沉沉斜月。（师板书：沈沈斜月）

师：请大家注意，能不能写成这个"沉"啊？（生：可以。）可以，好不好？

生：不好。

师：对，写"沉"不好。（板书"沉"，加叉）写这个"沈"好。在古汉语里，"沉"和"沈"是相通的，写这个"沈"有文化。那么，"西斜落月""摇情落月""沈沈落月"这三种概括哪种好呢？

生："沈沈落月"。

师："沈沈"更有感觉，把月亮从升上来到落下的变化带给人的感觉都表现了出来。有没有不同的意见啊？春半落月，强调的是时间；西斜落月，强调的是形态；沉沉落月，强调的是感受。对吧？黄老师觉得哪个好，你们知道吗？

生：摇情落月。

师：知音。（板书圈出"摇情落月"）为什么"摇情"好？我们看最后一句。什么叫诗？最后一句是最典型的诗化语言。"落月摇情满江树"，想一想，摇的是什么？

生：情。

师：谁在摇？

生：月亮。

师：月亮会摇吗？

生：不会。

师：摇什么呢？

生：情。

师：实际上摇的是什么呢？

生：树。

师：大家一起想象一下，美丽的月亮摇动着江边的树，江边的树摇动着美丽的月光，月亮的影子映照在江面上。月影之中，月光之中，树的摇动之中，都写满了丰富的感情。所以，我觉得最后一个月亮概括为"摇情落月"更好。"落月摇情"最有诗意。概括诗，还是有诗意最好。

大家看，从初生之月到朗朗之月，再到姣姣孤月，从永恒之月、哲思之月，再到相思之月、徘徊之月，再到沈沈落月、摇情落月。可见，这首诗的意象群是以月亮为主体、为主线的。大家能由此发现张若虚的月亮和其他诗人的月亮不同在哪里吗？

（生无反应）

师：我们先想一想熟悉的写月亮的诗句，李白的？

生：床前明月光，疑是地上霜。

师：张九龄的？海上生明月——

生：天涯共此时。

师：苏轼的？明月几时有——

生：把酒问青天。

师：春风又绿江南岸——

生：明月何时照我还。

师：大家发现这些诗句和张若虚的月亮不同在哪里了吗？

生：张若虚的月亮是变化的，是一直在动的。

师：是的。其他诗人的都是一个定格的月亮。张若虚写的是一个穿越时空的月亮，是一个动态的月亮。（在黑板上用线条连接几轮月亮）大家概括一

第六章　意义见证教学的存在　◆　193

下,是写月亮的——

生:(异口同声)月亮的升落。

师:对了,非常好,是以月升月落为主线,串联全诗。(板书:月升月落)全诗以月升月落为主线,那么其他的意象在全诗中又是如何呈现的呢?其他的几个意象在全诗中是不是也贯穿始终呢?

生:(齐声)是。

师:好的。那么,请你们仿照"月升月落"加以概括。写春的是——?

生:春来春去。(师板书:春来春去)

师:哪一句写"春来"呢?

生:春江潮水连海平。

师:春潮涌动,告诉我们春天来了。还有一句怎么写春去的?

生:江水流春去欲尽。

师:江水流春去欲尽,告诉我们春去了。"江"呢?

生:潮起潮落。(师板书:潮起潮落)

师:但是我觉得还可以换一种说法。"春江潮水连海平",江水从西边下来,一路向东流啊流,还回不回来啊?

生:不回来。

师:江水东逝。"花"呢?

生:花开花落。(师板书:花开花落)

师:哪一句是写花开?

生:月照花林皆似霰。

师:江流宛转绕芳甸,"芳甸"的"芳"是什么?

生:花。

师:"芳甸"的"芳"就是花,而且还不是一点点花,是一片花。"月照花林"也是。这都告诉我们,春天花开得很盛。这是写了什么?

生:花开花谢。(师板书:花开花谢)

师:我觉得还可以说"花盛花谢",因为写的是一片花啊。后面该是"夜"了,夜什么?

生:夜……夜……

师：写"夜"的有几个句子？

生：两个。

师：第一个句子在哪里？

生：谁家今夜扁舟子。

师：这是写月亮引起了相思。后一句呢？

生：昨夜闲潭梦落花。

师：这两句是直接写夜的。诗中有很多句子都间接写了夜。第一次写夜的是哪个句子？

生：海上明月共潮生。

师：对。这是写夜降临了。落月摇情满江树呢？

生：是写夜尽了。

师：嗯，非常好，夜临夜尽。当我们这样概括的时候，同学们有没有发现这首诗又有了一个新的特点？

生：是按照时间顺序来写的。

师：嗯，按时间顺序。哪个同学还有新的发现吗？全诗是以月为主线，按照时间顺序来组织诗的结构的。其他同学要在这个基础上发现新的思考角度。

生：这些意象出现的时间不一样。

师：嗯，有的时间长，有的时间短。又有一位同学有新发现了，其他同学呢？这首诗是不是一条线啊？

生：（异口同声）不是。

师：对，它是以月升月落、潮涨潮去、花开花落、春来春尽、夜临夜尽五条线索串联全诗，是五线串联。（板书：五线串连）那我们怎样画这五条线呢？是平行线吗？

生：（异口同声）不是。

师：对。千万不能画成平行线，只能画成五条交叉的曲线。（在黑板上画五条交叉的曲线）这个波动是在意象中体现了情感的变化。一开始看到初生之月的时候，情绪是饱满的，甚至是高亢的；看到天上一轮孤月的时候，情感是怎样的呢？是相思的、惆怅的；最后落月沉沉的时候，情绪是什么样的？是失落的、沉重、低迷的。而且，这五条线是互相交叉的。为什么？因为这五个意象是互相融合的，我中有你，你中有我。你们能具体说说这五个意象是如何融合的吗？

生：写月就是写夜。

师：是的。月和夜是融为一体的。还有吗？

生：月和江也是融为一体的。月亮从江中升起，诗人在江边看月，月光又照在江上。

师：是的。这也可以看出全诗是以月为主要意象的。可以说，这首诗意象群中的所有意象都是高度融合的。所以，这首诗的意象是丰富的，线索是五线串联的，情感也是特别丰沛的，不是单一的情感、单一的相思，有生命之思、宇宙之思，还有男女的相思。（板书：情感丰沛）

而且，它是打破时空、穿越时空的。这些线索，有的是时间的，有的是空间的。（板书：穿越时空）张若虚的月亮是穿越时空的月亮，同学们能找出一首写这样的月的古诗吗？没有。李白写了很多有关月亮的诗，写的都是某一个点，某一个空间，某一个时间的。

师：好的，我们刚才抓住了五个意象来解读这首诗，欣赏这首诗。现在大家回顾一下全诗，有没有哪些诗句没有出现这五个意象，跟五个意象关联不大的呢？也就是说在这些诗句中，这五个字是找不到的，有没有呢？第一句是哪一句？

生：滟滟随波千万里。

师：这里面没有这五个字，但是它和这五个字有没有关系？

生：有。

师：它是关于什么的？

生：江、月光。

师：它是写江面的波光粼粼，月光很好。其他还有哪些诗句呢？

生：空里流霜不觉飞，汀上白沙看不见。

师：这一句和这五个意象是什么关系？

生：也是写月光。

师：是写月光皎洁，照在沙汀上。还有一句诗也没有直接写到这五个意象,其实也是写月光的。哪一句?

生:鸿雁长飞光不度,鱼龙潜跃水成文。

师:是的。这两句也是写月光。前一句写月光无边,后一句写月光清澈,暗含着鱼雁都不能传送相思之情,很惆怅。而有一句诗里既没有直接写到五个意象,也不是写月光的,是哪一句?它有什么作用呢?

生:白云一片去悠悠,青枫浦上不胜愁。

师:这两句和五个意象有没有关联?(生:没有。)没有?它在全诗中可不可以去掉?(生无言)

师:那就换一个角度,它在全诗中有什么样的作用?

生:过渡。

师:"过渡"这个概念大家都会用,具体地说它是如何过渡的?

生:承上启下。

师:说一个概念是比较容易的。承上启下,承上的是什么内容?启下,又启下面的哪一句呢?

生:白云一片去悠悠,青枫浦上不胜愁。

师:哪个意象承上,又承上的是什么内容呢?

(学生沉默)

师:哇,同学们考试的时候分数就是这样被扣掉了。只是把老师教的一个现成的概念写上去了,结合具体诗句的分析就会成为问题。刚才这个同学也说是"过渡",你觉得是如何承上的呢?

生:我觉得承接"但见长江送流水"。

师:"但见长江送流水",和哪个意象有关联?

生:长江送流水,流水悠悠流走,和白云飘走是有关联的。

师:他认为白云去悠悠和流水的流去有关联,这个说法就更具体了。有没有同学还有不同的理解的?这位同学关注的点是有关联的,不过是遥相呼应的。一般我们写云的时候,都和什么有关系啊?

生:和月。

师:所以有个说法叫"烘云托月"。哪位同学说说"青枫浦上不胜愁"这个句子的过渡作用体现在哪?你们说哪一个关键的字眼在这里体现了承上启下的作用？

生：（异口同声）愁。

师：承上承的是什么愁啊？"青枫浦上不胜愁"，首先照应了上面的愁，什么愁？

生：时间短暂。

师：对，人生短暂。哪个句子？读读看。

生：人生代代无穷已，江月年年只相似。

师：这个地方告诉我们，月亮是——

生：永恒的。

师：人生是——

生：短暂的。

师：所以这个地方是人生之愁，宇宙之思。（板书：人生之愁，宇宙之思）但是，这句诗就这一种意思吗？再来看看这个诗句，"人生代代无穷已，江月年年只相似"，是不是我们人就无法像江月那样永恒？不是的，我们的人生代代无穷已啊！那作者有没有说人生之短的愁啊？

生：（齐声）有。

师：对，这就是高明。一般人说："啊，宇宙是永恒的，人生很短！"而张若虚说："对个体而言，人生是短暂的；可我们一代一代人接下来是无限的，无穷已的。"江月是永恒的，因为它看上去是相似的形态，但是这样一种自我排解依然排除不了生命个体的短暂。那么，这个"愁"启下启的是什么地方的愁呢？

生：相思。

师：相思之愁，所以这个月徘徊写的就是相思的愁。我们可以说承前的愁是"天上"，启后的愁是——

生：人间。

（师板书：天上人间）

师：这样我们更能体会到张若虚的诗是如何穿越时空的。所有唐诗里没有一首可与之相比的。所以，诗人闻一多说，这首诗是诗中之诗，巅峰上的巅峰。古人也有人认为张若虚一首诗就把全唐诗人所有的诗压了下去，没有人比得了。刚才我们抓住五个意象读了全诗，感受了张若虚心中的那一轮月亮。现在大家能不能说一说，在你们心目中，张若虚的那轮月亮是什么样的？张氏之月是什么样的月亮呢？

（板书：张氏之月）

生：非常美好。

师：他认为张若虚的月亮留在他心目中的是一轮美好无比的月亮。（板书：美好）有没有同学有不同的理解的？你呢？

生：皎洁。

师：她认为是一轮皎洁的月亮。皎洁是美好的一种，美在哪里呢？皎洁。一轮皎洁无比的月亮，江天一色无纤尘，一点杂念都没有。这仍然是从一个角度描述，最好换一个角度，不要重复别人的。

生：永恒。

师：非常好，他认为张若虚留在他心目中的是一轮永恒之月。有没有同学还有自己的理解和感受的？

生：多情的月亮。

师：是一轮多情的月亮。仁者见仁，智者见智。佛家说有什么样的你，就能看到什么样的世界。（学生笑）你看到了什么样的月亮？

生：我刚好和她相反。

师：相反？你俩还坐在一起。是无情的月亮？

生：是无情的月亮。

师：你从哪里看出是无情的月亮啊？说一个诗句。

生：玉户帘中卷不去，捣衣砧上拂还来。

师：这两句是不是在写月亮无情啊？认为是的请举手。（无人举手）这两句诗是写月亮无情吗？"月亮照在我捣衣砧上。我捣衣，月亮照过来，我说你不要来了，来了让我想他，让我太痛苦了。你走吧。"月亮走不走？

生：不走。

师：叫她（它）走，她（它）不走。月亮无情吗？这是写月亮的多情。当然，你也可以说她（它）来了，让我太烦、太痛苦了。以月亮之无情，写月的有情和人的有情，我觉得也是有道理的。还有同学看到不一样的月亮了吗？

生：悲伤。

师：说悲伤之月可以。没有标准答案，只要有道理，都可以。我们已经说过了，张若虚这首诗的特点就在于一个字，什么字啊？

生：丰。

师：丰富的意象，丰富的线索，丰富的感情，在每个不同的读者心目中留下了不同的月亮，这是正常的。当然，永恒也是一种美好，多情也是一种美好，这个同学的无情也是一种美好。所以，我们用两个词来形容张若虚的月亮留给我们的印象：美丽而惆怅。回过头来还说"丰"，当我们走进唐诗的时候，打开门的第一选择就是欣赏《春江花月夜》。《春江花月夜》让我们感受到了唐诗的一个特点：丰。如果让你们组词，你们能组出多少个含有"丰"的词语？

生：丰富。

师：还有呢？

生：丰满、丰沛。

师：还有吗？

生：丰盛。

师：还有吗？

生：丰收。

师：还有吗？

生：丰美、丰腴。

师：还有吗？

生：丰盈。

师：还有吗？基本上说完了，还有一个"丰赡"。有没有听说过？

生：（摇头，异口同声）没有。

师：现在让你们选一个最能概括《春江花月夜》的风格的词，你们选"丰"什么？

生：丰富。

师：丰富？看来大家的意见还不一样。选择"丰美"的举手不多。选择"丰满"的，也不多，选择"丰盛"的、"丰收"的、"丰盈"的、"丰腴"的呢？

（生无言）

师：如果让黄老师选，黄老师一定选"丰腴"。为什么呢？这个词语形容什么人？

生：女人。

师：什么样的女人？

生：比较胖的。

师：想一想，唐代最具代表性的最美的女人是谁啊？

生：（异口同声）杨贵妃。

师：反过来想，唐代的人为什么会认为杨贵妃最美啊？丰腴不是形容一个女人胖，而是形容一个女人胖得非常美——就是杨贵妃。唐诗的风格雄奇、博大，但是最初的一个风格就是丰腴。读《春江花月夜》，就应该联想到杨贵妃。一首好诗一天是读不完的。今天，我们就抓住这个字，从这个角度领略这首诗的风采。

谢谢同学们，下课！

第七章

你的课堂也能看得见成长

——共生教学对教师素养的基本要求

既是教练又是陪练
——共生教学的教师角色定位

所谓教师角色,一般指的是教师群体依据社会的客观期望为适应所处环境表现出来的行为模式。我们这里讨论的教师角色,更主要的是指教师个体在和学生形成的教学关系中对自身价值和责任的理解。一个教师对教学角色的定位,体现了他对教育教学的全部理解,也决定了他在教育教学中的地位和价值。

在很长一段历史时期,我们对教师角色的定位是:教师是不可挑战的权威。"天地君亲师",是儒家文化很重要的一个内容,也是儒家文化对教师角色的崇高定位。它将"师"和"天地君亲"并列,成为社会绝对崇拜的对象。"师"的角色和"天地君亲"一样都是权威。"天地"是整个自然的权威,"君"是整个国家的权威,"亲"是整个家庭的权威,"师"便是教育的权威。它们都是至高无上、不可挑战的,作为客体的一方只能服从。"君叫臣死臣不得不死,父叫子亡子不得不亡",是其极端的表现。"一日为师,终身为父",是强调师生关系的不可改变和不可僭越。

韩愈提出的"师者,所以传道授业解惑也""无贵无贱,无长无少,道之所存,师之所存也""弟子不必不如师,师不必贤于弟子,闻道有先后,术业有专攻"等一系列观点,虽然在当时极具先进性,但他的超越也仅仅体现在教师不再是某一个固定的个体角色,而是知识和技能的拥有者,谁拥有"道"、拥有"术",谁就是"师"。虽然他提倡"能者为师""会者为师","先闻道"

者为师,"术业有专攻"者为师,其实质仍是强调一种"权威"意识,只不过是由以前的"终身为父"的权威演变为谁拥有知识谁就是权威,谁"能"、谁"会"、谁"先"、谁"专"就是权威。

儒家文化对教师角色的这种定位影响极其广泛而深远。时至今日,人们在讨论教师角色时,仍然强调教师对知识的绝对拥有;"要给学生一杯水,老师要有一桶水"这句话现在仍常常被人们引用。从知识掌握的相对意义而言,强调教师要比学生懂得更多更丰富的知识,毫无疑问是对的。但如果从教学关系的角度看,这句话的背后仍然是传统的教师角色定位:教师是知识的权威。有人发展了这句话的内涵,提出教师要不断给自己"加水",提高"水"的质量,但其实质仍然没有跳出教师是权威是专家是能者、教师要"传道授业解惑"这种认识的局限。可以说,在今天的课堂上,在今天的师生关系中,教师的权威意识在有些教师身上仍然是很顽强的。课堂上学生只是听教师讲,学习上学生只能对教师唯命是从,便是典型的表现。

应该说,随着教育改革的不断发展,课程改革的不断推进以及先进教育理念的不断引入,人们对教师角色的理解发生了显著的变化。教师是教练,是导演,成为不少人对教师角色的基本定位。认为教师是教练,是导演,二者虽有一定的差异,本质却是非常一致的。两者的差别是,前者更强调教师的责任是要让学生获得某方面的知识,掌握某方面的技能;而后者更强调教师的责任是组织学生学习,学习的主角是学生自己,学生在游泳中学会游泳,在学习中学会学习。但两者都是基于"教师就是教"这样的基本理念,而且,说教师是教练包含了对学生学习活动的组织,说教师是导演也包含了教给学生一定的知识和技能。毫无疑问,这样的教师角色定位具有一定的合理性和先进性。

但我们以为,教练和导演的教师角色定位也并非最理想、最科学的。因为基于这样的认识,很多教师在教学关系中所起的作用就仅仅是"教",甚至就是把"教"演变为"讲"和说教,学生就是在听教师讲和"说教"之后进行反复的"练"。由于教师对学生的学习过程几乎不发生任何作用,所以教师的"教"和学生的"练"在作用和效果上都很不理想;有一部分教师则只是进行教学设计,然后组织学生按照自己的设计去活动,教师几乎并不走进或者很少走进学生的学习过程,因而教师对学生的学习过程几乎不发生任何作用,学生虽然主动地在学习、在活动，但效果并不理想。甚至有些教师把教师是教练、是导演，扭曲为教师是警察、是法官、是裁判。他们在教学中所起的作用就是发现学生的错误，哪里不正确，哪里犯了什么错，哪里只能得几分，哪里应该扣几分。至于为什么会出现错误，怎样才能不错，怎样才能正确，怎样才能不扣分，怎样才能更好，教师一概不管。而这种情形是我们当前教师角色定位失误的最主要的表现。很显然，对学习过程应有介入的淡化和放弃，对学习过程缺少应有的作用，教和学之间的严重隔离，是教练和导演这样的教师角色定位明显的不足。因此，我们提倡的共生教学对教师角色的定位是：教师既是教练也是陪练。

近年来，伙伴教育理论和共同体学习理论被广泛应用到我国的教育教学领域。伙伴教育的主旨是在教育中建立各相关主体之间的伙伴关系，使主体逐渐成长为社会发展所需要的良好伙伴，简单来说就是在伙伴关系中培养伙伴。伙伴教育有广义与狭义之分。狭义的伙伴教育主张将教师与学生之间、学生与学生之间的关系建设成为伙伴关系，使学生在这种积极的关系中逐步掌握社会生活所需的科学知识、实践能力，并形成其对社会共同体价值的分享。所谓学习共同体，按照美国教育学家博耶尔（Ernest Boyer）的解释，它是所有人因共同的使命并朝共同的愿景一起学习的组织，共同体中的人共同分享学习的兴趣，共同寻找通向知识的旅程和理解世界运作的方式，朝着教育这一目标相互作用和共同参与。我们以为，伙伴教育理论和共同体学习理论不仅仅是用来解释学习过程中学生之间的关系，也可以非常好地解释课堂教学中的师生关系。可以说，共生课堂中的师生关系是伙伴教育理论和共同体学习理论的一种典型化的积极体现。在共生教学中，学生之间、师生之间就是一种典型的伙伴关系；每一个人是学习主角的同时又都是配角——大家都在别人的学习中学会学习，又都在为别人的学习服务；教师和学生成为一个学习共同体，因共同的学习目标一起学习，相互作用和共同参与，共同分享学习的兴趣、学习的过程和学习的成果。在这样的关系中，教师不仅是教练，更不是只站在岸上教学生游泳的教练，而且是和学生一起游泳的陪练。更为重要的是，他的教练的角色和作用是在陪练的过程中体现出来的。学生不是在教师"教"和"组织"的过程中学会游泳的，而是在和教师一起游泳的过程中学会游泳的。

长期以来，对于教学过程中的师生关系，我们总是在"教师中心论"和"学生中心论"之间摇摆，后来的"双主体说"和"主体间性"等理论似乎从更高层面对这个问题作出了解释，但并没有对教师角色进行更清晰、更合理的定位。而且，这样的讨论，包括"双主体说"和"主体间性"等理论，都是把教师的教和学生的学割裂开来思考。如果我们确立了教师本身既是教师又是学生，既是教练又是运动员，既是导演又是演员，教的过程就是学的过程，学的过程就是教的过程，就会发现这样的讨论意义并不大。而在共生教学中，教师角色就是教练和陪练的统一体。要强调的是，陪练并不是陪玩，它是教的方法和过程，即教师的"练"不是为了自己学会，而是为了让学生更好地学会。也就是说，陪练的游泳不是为了自己学会游泳，而是为了让学习者学会游泳和游得更好。乒乓球运动员的陪练，拳击运动员的陪练都是如此。好的教练常常首先是陪练。

要将教师角色定位转变为教练和陪练，教师就必须调整自己的教学姿态。

首先，矮化自己的教学姿态和思维方式，不能总是以教学管理者和知识权威的角色对学生提出要求，也不是以导师的角色向学生"传道授业解惑"，更不是以裁判的角色对学生的学习行为进行评判，而是要把自己作为受学生欢迎的学习伙伴，要学生体验的，自己要和学生一起体验，要学生经历的，自己要和学生一起经历。矮化了教学姿态，你就能以学生的视角去看问题、去读文本、去写作，就会知道学生的问题在哪里，学生会出现什么样的错误，什么地方学生需要你进行点拨和帮助，教学就会有更强的针对性和时效性。而我们传统的教师角色定位，包括教练和导演，教师都是一种居高临下的姿态。

共生教学的核心理念之一是用阅读教阅读，用写作教写作。用阅读教阅读，教师必须先阅读，要读出自己的感受，读出自己的体验，读出自己的思考，读出自己的发现；用自己的阅读引领学生的阅读，用自己的阅读感受引发学生的阅读兴趣，用自己的阅读体验激活学生的体验，用自己的阅读思考激发学生的思考，用自己的发现引导学生的发现。用写作教写作，教师必须亲历写作过程，必须有自己的写作体验，必须站在学生写的角度组织作文教学；用自己的写作引领学生的写作，用自己的感受引发学生的写作兴趣，用自己的写作体验激活学生的写作体验，用自己的写作经验引导学生的写作过程。同样，要学生完成的语文学习活动，教师自己必须参与；要求学生思考的问题，自己必须思考。觉得学生"不行""差"，是很多教师的共同心理。其实，并不是教师真的多么优秀，而是教师自己站在岸上不游泳，手里有"标准答案"，如果教师把自己作为学习伙伴、陪练，就不会再有这样的认识。

其次，教师要善于展示自己的不足和缺点，甚至要故意制造问题和错误，把这些作为教学资源和学生学习的资源，为学生的学习活动服务。

受传统教师定位的影响，很多教师总希望自己在学生面前保持无所不知、无所不能的完美形象，不愿意也不敢在学生面前展示缺点和问题，甚至有些教师出现失误和错误时还要刻意掩饰。我们经常看到一些教师总是在阅读交流或者习作交流的最后出示自己精心准备的"答案"和习作，总是千方百计地拉开自己和学生的距离，以保持一种权威形象。这是共生教学最忌讳的做法。其实，教师出现错误，出现问题，如果处理得好，不仅不会影响教师的教学权威和形象，还会成为非常有价值的教学契机。在教学中，我们有预设地或者随机生成地展示自己的不足和问题，激发学生的学习兴趣，激活学生的学习思维，大多都能取得比较理想的效果。教学《白雪歌送武判官归京》时，我要求学生从诗句中读出画面，然后选择一句诗进行描述，画面感不是很强、有难度的诗句常常会没有学生选择，有时候干脆就没有学生愿意进行描述，这时我就会自己描述让学生进行评点，不仅可以达到同样的教学意图，而且常常很快就能带动学生参与学习活动。在我的课堂上，学生经常在指出和批评我的错误中获得快乐和成长。在我的教师共同体团队中，也不只是我评点年轻教师的课，他们也常常在批评我的课堂的过程中获得成长和提高。

最后，和学生互相融入学习过程，充分进行学习分享，分享学习经历，也分享学习成果。

在共生写作教学中，我们特别强调教师要介入学生的写作过程，并引导学生介入教师的写作过程，大家共享写作体验，共享写作成果，效果非常理想。比如执教"用'感激'唤起'感动'"，我就是将自己写作中的一个问题、一件写作的半成品带进课堂，和学生一起写作，一起审题，一起立意，一起构思。"一则材料的多种运用"，就是以我女儿的一段经历以及我和女儿之间的交流作为教学支点组织教学的。我常常把自己发现的生活事件和生活思考带进课堂与学生进行分享，也经常把自己的写作困惑和问题带进课堂，让学生和我一起解决。我的长篇小说《红茅草》第一稿、第二稿完成后，都请班级里的学生参与修改讨论。当然，我更是经常地参与学生的写作过程。目前，作文教学的一个很普遍的问题是教师的作文教学不能作用于学生的写作过程。在作文指导课和作文评讲课中，我绝不会像许多教师那样只是说哪篇作文写得好，或者只是指出哪篇习作存在什么样的问题，而是和学生一起讨论、一起思考该怎么写，一则材料可以有哪些主题，可以有哪几种写法，结构可以有怎样的不同安排，有问题的作文可以怎样进行修改。这时我是教师，同时也是学生的学习伙伴。如果说我的语文课很受学生欢迎，那么作文课尤其受到学生的欢迎，因为我就是他们的写作伙伴。就像游泳，他们总是看到我在他们身边和他们一起向前游。看到我和他们一样呛了几口水，他们是开心的，也是有收获的；我也是开心的、幸福的。

在文本的阅读中有你的发现
——会阅读才能教阅读

要实现阅读教学的共生教学,语文教师能够在文本阅读中有发现是关键。要能在文本阅读中有发现,必须掌握文本阅读的一些基本策略。

一、陌生化阅读

所谓陌生化阅读,就是在全新的阅读中感受文本,形成新鲜的阅读体验,获得对文本的直接认识,积累阅读教学的本我资源。

"陌生化"本是西方文艺理论的一个概念,现在常常被借用来表达阅读的一种状态。通俗地说,陌生化阅读就是把阅读对象(哪怕是读过多次的文本)当作全新的文本,把曾经有过的体验和认识搁置起来,使阅读主体和阅读对象之间形成一种距离,用新鲜的阅读触觉感受文本。

对于语文教师来说,如果是新选入的文本,进行陌生化阅读还比较容易,但对于比较熟悉甚至是非常熟悉的文本,要进行陌生化阅读就比较困难。不管是哪一套教科书,都有许多文本是我们比较熟悉甚至是相当熟悉的。但熟悉文本未必利于教学,甚至会因为熟悉而没有办法突破以前的教学思路。教师对于这些文本的理解,也常常定格于已有的理解。这对阅读教学非常不利。陌生化阅读,要求我们尽可能以一种空白的心态面对文本,在阅读之前首先将自己的认识进行"格式化"。具体地说,主要包括三个方面。

第一，不带任何现成的结论进行阅读。

只要教过几年书，绝大多数课文都是我们所熟悉的；一看到这些课文，很多现成的结论就会出现在我们的头脑里。看到《我的叔叔于勒》，就想到资本主义人与人之间赤裸裸的金钱关系；看到《项链》，就想到资本主义社会妇女的爱慕虚荣；提到周朴园，就是自私、冷酷；提到王熙凤，就是狠毒、刁滑、工于心计。这样的结论，或许并不错。但问题在于，有了这样的结论，我们的阅读过程就失去了应有的意义。因为在这种已有结论的支配下，阅读就不能产生新的体验，不能形成新的认识。陌生化阅读要求我们必须尽可能地忘掉这些结论。其实做到这一点，并不困难。在备课时，我们要先接触文本，而不是先看参考或找出以前使用的教科书；以一种平静的心态接触文本，让心灵和文本对话，和作者对话，平静地倾听文字的叙述，作者的叙述，让感受和认识自然地在心里成长。散文家于坚在谈到人对自然的认识时曾说，我们从文化中接受了太多的关于自然的认识，使我们不再认识真正的自然；我们心中的鸟和树叶已经不再是鸟和树叶本身，而是附着了太多其他东西的鸟和树叶。这对我们应该如何陌生化阅读文本是很有启发的。

第二，不带任何现成框子进行文本评价。

阅读的过程是体验的过程，理解的过程，也是评价的过程。从某种意义上说，所有阅读都是文学批评。有时候，由于受自己所接受的知识的限制，由于缺少新的知识的及时补充，我们长期坚守着一套封闭的（甚至是过时的、错误的）评价标准和评价方式，使自己的阅读方式和阅读行为完全僵化。如此则不可能进行陌生化阅读。使用新教材以后，如果选文使用的版本和以前的不完全一样，有些教师就以为这个文本是错的。这不仅反映出教师缺少版本意识，也反映出教师的脑子里对课文的接受已经完全定型。甚至有些教师对文章的体式也完全定型。在他们看来，只有《谈骨气》才是典型的议论文，只有《白杨礼赞》和《荷塘月色》才是散文，只有《南州六月荔枝丹》和《景泰蓝的制作》才是说明文，不切合这些文章的特点，就是选文不典型，也就没有办法教学。对于陌生化阅读来说，丢掉这些框子比丢掉那些结论更为重要。

第三，以读者的视角进行阅读，而不是直接以教师的视角进行阅读。

每个人都是多重角色的复合体，而不同的角色，对对象的评价则会不一样甚至完全不同。记得某报曾经报道，一个法官脱了法袍以后大声责骂那个被她判赢官司的原告。当记者采访时，她说："在法庭上，我穿着法袍，是法官，代表法律，只能根据法律判他胜诉；现在我是一个普通人，是一个母亲，我可以责备他缺少良知。"教师也有着多重身份，相对于文本来说，可以是教师，也可以是普通的读者。陌生化阅读要求教师能够以普通读者的视角去阅读文本。因为这样能使我们得到更真实的，也更贴近学生阅读过程的体验和认识。而如果立足于教师的立场进行阅读，就会更加职业化，也更加技术化，会带着很强的主观色彩阅读文本、评价文本。有时候，作为一般读者很喜欢的文章，一旦作为教者，就会不喜欢，就会认为没有"教头"。有时候，我们会由文本想到一些其他读者，包括学生根本就不会想到的问题，都是由于这样的原因。一些长期采用解剖式阅读教学的教师，一读文章看到的就是一个个知识点和命题点，这样的读就是高度技术化的阅读，对真正意义上的阅读教学是非常可怕的。

二、立体化阅读

所谓立体化阅读，就是从不同维度、不同层面观照文本，获得对文本的全息解读，处理好文本阅读中多重意义之间的辩证关系。用苏轼的诗句"横看成岭侧成峰，远近高低各不同"形容立体化阅读，再贴切不过。

首先要认识文本承载的三重意义。一是文本的作者意义，或者叫主观意义，即作者试图通过文本要表达的意义。这层意义是阅读要把握的基本意义，即尽可能准确地弄清楚作者试图要表达的思想。但对于一个教师来说，这绝不是全部。传统的阅读教学以让学生理解文本的基本意义为全部任务，以作者的写作意图作为评价理解准确与否的唯一标准（即和作者的意图一致就是正确的，否则就是错误的），是对阅读教学任务的矮化窄化。二是文本的客观意义。一个特定的文本，一旦作为一个自足的存在，它就不再受作者思想的绝对约束，就会在流传过程中形成其特定意义，这就是文本的客观意义或社会意义。文本的主观意义和客观意义，虽然可以用阅读中的"所指"和"能指"来对应，但又不是那么简单的关系。我们之所以又称之为社会意义，就是说它不是某一个具体人所赋予的意义，而是在大跨度的时间过程中不知不觉地形成的。最典型的例子是成语，比如"逃之夭夭""难兄难弟""鞭长莫及"等。名著的主题解读也是如此。《红楼梦》的主题有着丰富的指向，除了不同读者的不同立场、不同解读角度之外，社会也是解读的一个重要参数。塞万提斯的《堂吉诃德》也是如此。作者的意图是要讽刺骑士文学，但不同的民族、不同的阶级却赋予了它不同的主题。这其中还有很重要的文化因素。我们很多古诗名句，使用时常常会承载着许多与作者原意风马牛不相及的新的意义（不包括作为修辞的个别语境的特殊应用）。比如"但愿人长久，千里共婵娟"，苏轼表达的是兄弟之情、思念之情，现在绝大多数人不再用它表达兄弟情谊，也不一定指表达相思，而常常是表达男女之间的爱慕。三是读者的个性意义，也叫读者意义。这也是一种主观意义，但它的主体和第一层意义的主体是相反的。"一千个读者一千个林黛玉""一千个读者一千个哈姆雷特"，是较有代表性的说法。这里有两种可能。一种是在共同指向基础上的不同解读。比如林黛玉很美，但到底如何美，各人有各人不同的理解；假如让所有读者画出林黛玉的肖像，是十有八九不同的。另一种是理解的指向本身就不同。比如对王熙凤的理解，有人以为能干，有人以为弄权。同样是周朴园对鲁侍萍说的一句"你别以为我的心就死了"，有人以为这全是虚伪的骗人鬼话，有人以为这里面包含着几分真情。诸如此类的例子，举不胜举。当然，这样的三重意义，文学作品的表现更为典型，但不是说其他类型的文本就绝对没有。

人们所提倡的个性化解读和多元解读，包括创造性阅读，都是基于这样的阅读基本规律提出来的。当然，让教师对每一个文本的三重意义都认识得十分清楚，是苛求的，甚至是不可能的；但对于一个语文教师来说，如果不能清醒地认识这样的阅读规律，是不应该的，也是很可怕的。

其实，从理念上充分认识到这一点，并不难；难就难在对具体作品的解读中，能够在具体的阅读教学过程中处理好三重意义之间的内在联系，处理好多元与一元、个性与共性之间的辩证关系。过分强调文本理解的客观性或过分夸大读者个性理解的空间，都会扭曲阅读的正确行为，对阅读教学造成无法挽救的伤害。而对于一线语文教师来说，尤为重要也是十分困难的是对具体文本理解的把握。记得有一次听一位初中老师说课，教学内容是苏教版初中语文教材九年级上的《诗人谈诗》。课文是诗人鲁藜的一首短诗《一个深夜的记忆》，以及诗人曾卓对这首诗的解读文章。这位教师在谈教学设想时既十分关注诗歌的多元解读和个性解读，又强调了教师要有有效的引导和评价，防止学生完全脱离文本的随意误读。可以说，其教学思路是无懈可击的。但当请他说说就这首诗而言哪些个性化解读可以予以鼓励的时候，他的回答实在让我们震惊。他认为，这样一首写在抗日年代的诗歌，理解为"游子对家乡的思念"可以，理解为"对友人的牵挂"可以，理解为"失恋的人对所爱的人的思念"也可以。多元解读的合理性，的确是一个非常难以界定的问题，但我们不能因此就倡导一种随意解读，否则就失去了"教学"的意义，对学生阅读能力和文学素养的培养都是有害的。

立体化阅读，还指能够从不同立场、不同层面和不同纬度进行阅读。

一般来说，教师的文本阅读至少有三个立场：读者立场，学生立场，教师立场。

读者立场，也可以称一般立场，即以普通读者的身份进入阅读。一般来说，普通读者的阅读，是一种不带有具体目的的阅读，是近乎无功利的阅读。这种阅读，心境尤其放松。而在放松的心境中阅读，能够得到最真实的感受，尤其能够形成最客观的评价。而很多语文教师，由于职业角色的习惯，常常缺少这样的阅读心态和立场。一接触文本，很快就进入教学立场，满眼看到的就是知识点、能力点、训练点。这种高度功利化的阅读，是非常有害的。它完全破坏了阅读美感、阅读享受和阅读的真实。我曾撰文谈过语文教师文本阅读的智慧，提出陌生化阅读、立体化阅读和发现式阅读。有老师问我，"读者立场"的阅读和"陌生化阅读"是否是一回事？我说，当然不是一回事。所谓"陌生化阅读"，既可能是"读者立场"的阅读，也可能是"教学立场"的阅读，而且以后者为主。"陌生化阅读"是指，"不管你对文本已经多么熟悉，你必须抛开一切已经有的感受和认识，不得把已有的阅读感受和阅读结论带进正在进行的阅读过程。因为你以前的阅读未必就是全面的、深刻的，甚至未必就是正确的"。"读者立场"的阅读和所谓的"裸读"也不是一个概念。所谓"裸读""素读"，就是不借助任何凭借直接面对文本进行的阅读；而"读者立场"的阅读，则是指以一般读者的身份进行阅读，其本质特点是追求在阅读中尽可能达到无具体的功利目的。

作为阅读教学活动中教学主体的阅读，教师的阅读不可能忽视教学立场的阅读。所谓教学立场的阅读，就是立足教学需要在阅读中发现教学资源，选择教学内容，我们把这个过程概括为"解读文本—解构文本—建构文本—整合文本"四个阶段。什么是解读文本呢？我们认为：语文教师解读文本，必须形成自己的阅读体验和阅读见识，必须遵循文本阅读的基本规律，处理好多元解读和一元解读的统一，必须是意义理解、形式理解和语言理解的三者统一，而绝不能是对教学参考书的照搬和照抄，更不能是到文本里去找出几个知识点、能力点和训练点，尤其不能是文本和高考阅读训练的简单对接。什么是解构文本呢？教师要能对文本进行庖丁解牛式的分析，把握意义、形式、语言三者之间的关系，以及它们各自内部的联系。现在很多人提倡的"文本细读"与此有着紧密关联。简单来说，修电视机必须能够拆卸电视机，理解电视机的工作原理和结构关系。而所谓建构文本，则可以说是把拆卸后的电视机进行重新组装。我们常常看到一些课堂，教师和学生一起把文本大卸八块，然后下课了，留在学生脑子里的是一对散乱的零件。这样的阅读教学非常可怕。而那种简单对接高考现代文阅读的教学，则常常如此。对于立足教学立场的阅读来说，最难的是整合，即对文本各个方面的因素进行整合。这既要把多方面的教学资源整合到一起，还要把教学内容和教学形式整合到一起。这对一个语文教师的专业化素养提出了很高的要求。但唯有能够承担这种责任、具备这种能力的教师，才是专业化的语文教师。

对语文教学中的学生立场，我们曾专门撰文进行过论述。而文本阅读中的学生立场，常常是被大家忽视的问题。

文本阅读中的学生立场，就是要求教师在文本阅读中，必须考虑这样一些问题：学生会怎样读？学生应该怎样读？学生会读出什么？学生应该读出什么？学生会有什么障碍？学生如何解决这些障碍？教师倘若能立足这样的问题去阅读文本，教学内容就会丰满，教学过程就会流畅，教学活动就会实在，教学安排就会更有针对性，学生出现问题时，教师就能给予及时而有效的引导和帮助，而不至于束手无策，或用尽心机却没有效果。

目前，教师的文本阅读存在两个极端化的现象，我们必须正视。一个问题是不少教师几乎没有文本阅读，即使读了，也没有自己的阅读体验，更没有阅读见识。或者一切盲从教学参考书，用唯一的答案作为标准；或者是简单化地多元阅读，所有答案都是对的，所有答案都很精彩。另一个问题是，一些教师过度自我解读。这些教师往往有着良好的文本解读能力和极强的文本自主阅读意识，对文本既有丰富的阅读体验，又常常有自己的阅读见识，有的还具有良好的文学批评素养和较高的阅读理论水平。他们对教学参考书的内容几乎不屑一顾，对文学批评界早有的定评也大多不以为然，甚至将它们的见解和观点全部作为反面的靶子。在他们的课堂上，自己的阅读体验和阅读见识便是他们的教学资源和教学内容。这样的课堂的确具有活力和张力，也颇能得到一些学生和同行的认同与赞誉。但从语文课程的角度看，这样的做法同样不可取。因为作为一门课程，尽管教师有开发资源的责任和权利，但个人化的阅读行为并不能简单代替课程内容的选择。从文本阅读的角度看，这两种阅读都是缺少学生立场的阅读。作为教材编者编写参考书的用意是为教师的教学服务的，即完全是一种教学立场。如果教师完全照搬了，就失去了学生立场的选择和加工。而后一种极端则完全是一种"我"的解读。教师并没有立足学生的需要，对自己的阅读体验和解读见识进行选择，甚至都没有进行必要的提炼和整合。而一个教师的阅读体验和解读见识，哪怕的确很有价值，都未必是合适的教学资源和教学内容。其实，这两种极端的阅读行为，也是教学立场阅读的缺失。前者几乎没有自己的文本阅读，也没有对教学参考书的内容进行立足教学需要的选择和加工；后者虽有自己的阅读体验和阅读见识，但也没有对它们进行立足教学需要的再处理。

其实，教师的文本阅读在一定程度上也是包含了批评立场的，但考虑到它基本上是融合于前三种立场之中的，所以就不再单独阐述。

阅读是一个很复杂的活动，文学类文本的阅读尤其如此。从不同角度看，对这个活动过程会有不同的认识。对文本解读的维度，有着多种不同的分析。粗略梳理，主要有如下三种。

第一，二维解读。

这是一种最简单的文本解读分析，可以表述为花和作者。在文学作品中，作者描写一朵花，不会只是为写花而写花，而是借助花表达自己的思想和感情，必然在花中藏着一个"我"。朱自清写"荷塘月色"绝不是为了写"荷塘月色"，而是为了写那颗"颇不宁静的心"；鲁迅写"雪"，茅盾写"白杨树"，郁达夫写"北平的秋天"，都不是仅仅为了写"雪""白杨树"和"北平的秋天"，而是为了写自己既像南方"雪"又像北方"雪"的性格，写"北方的农民"和"抗日的力量"，写郁达夫那颗"多愁善感"的心。当然，这个"我"，可能是清晰的，也可能是含蓄的。比如《白杨礼赞》中的"我"就比较显性，《雪》中的"我"则比较含蓄。因此，阅读文学类文本，应该先读出文本写了什么，再读出文本实际上写了什么，即先弄清楚作者写了什么样的"花"，再弄清楚作者在写"花"时表达了什么样的思想和情感，或者说表现了一个什么样的自己。遇到"我"的表现比较含蓄、比较隐性时，尤其要用心揣摩，从文字中寻找出那个"我"来。

第二，三维解读。

可以简单表述为花、世界和作者。佛家有个说法"一花一世界，一叶一菩提"，最初自然是表达禅意的，但它也告诉我们，每一朵花都是整个世界的一种表达方式，包含着整个世界的所有信息和智慧。被作者写到作品中的花自然也就表达了作者眼中的世界。因此，阅读文本，尤其是文学类文本，要先看文本写了什么，也就是写了什么样的"花"，再看文本通过所写的"花"表现了一个什么样的世界，这个花和世界又表达了作者什么样的思想，或者说表现了作者对这样一个世界什么样的看法。值得注意的是，作者在文章中要表现的那个"世界"，可能有多种内涵。可能是对现实生活比较直接的看法，比如茅盾的《白杨礼赞》；可能是对人类生存方式的一种表达，比如普里什文的《林中小溪》；可能是对人生和生命的参悟，比如宗璞的《紫藤萝瀑布》。因此，我们阅读时要注意作者对"世界"认识的内容指向和价值取向。

第三，四维解读。

可以简单表述为花、世界、作者和"我"。和三维度阅读相比，这里又多了一个"我"。这里的"我"即读者。这种阅读观强调读者的在场和参与。花，不仅是作者眼中的花，也是读者眼中的花；世界，不仅是作者眼中的世界，也是读者眼中的世界。王国维在《人间词话》中提出了"有我"和"无我"两种不同的境界，也有人借鉴他的理论提出了"有我"和"无我"两种不同的阅读策略。"有我"强调阅读者参与到作品的解读之中，并将自己的情感体验同作者的情感体验相互碰撞和融合；"无我"强调完全还原作品原貌，而尽力排除阅读者的情感带入。而西方接受美学认为，作品是读者和作者共同完成的，所有作品的阅读都有读者的"在场"，不存在真正的"无我"阅读。这种观点现在得到了普遍的接受。"一千个读者一千个林黛玉，一千个读者一千个哈姆雷特"，几乎是阅读的共识。同样理解《雪》中的"我"和《荷塘月色》中"我"的"不平静"，却会理解出不同的"我"，不同的"不平静"。

所谓解读的不同维度，是着眼于阅读的一般规律，对阅读行为的一种分析方式。从这些不同的分析中，我们可以寻找到对阅读教学很有意义的启发。有鉴于此，我们认为，语文教师的文本阅读，尤其是文学作品阅读，还应该能够基于不同的立场。

还有人提出了大众视角、原生视角和现实视角三个不同的维度，这里不再一一介绍。

三、发现式阅读

所谓发现式阅读，是指在阅读中不简单地接受他人的解读结论，不停留于自己以前的解读，不依循通常的解读途径，而能够从新的角度、新的途径、个性化地解读文本，获得对文本新颖、独特的理解，为高品位、高质量的共生阅读教学提供基础。

一是寻求解读文本的新视角，获得对文本内涵的新理解。

人们常说：经典常读常新。这里的新，主要是指对经典的新的理解。我们在立体阅读中已经说过，同一篇文本可以从不同的视角进行阅读，不同的视角就会有不同的理解。鲁迅关于《红楼梦》的一段精辟的话是大家都熟悉的。那是不同的人从不同的角度对《红楼梦》的解读。而同一个人从不同的视角解读同一个作品，也会获得不同的理解。对莫泊桑《项链》的解读，多年来我们都定位在小说通过玛蒂尔德这个形象揭露了资本主义社会中人的强烈的虚荣心；后来我们从命运和人生的角度去解读它，获得了偶然的小事能影响甚至决定人的一生这样的认识；现在我们从妇女地位、女性心理的角度去解读这部作品，则又是一个新的视角。鲁迅先生的杂文《记念刘和珍君》，其主题我们一直理解为揭露反动政府镇压学生的罪行，歌颂青年学生为国家牺牲的精神。在使用苏教版高中语文新教材时，我从教材专题的内涵"直面人生"出发，换一个角度解读这篇杂文，把文章的主旨定位在歌颂刘和珍这样真的猛士敢于正视淋漓的鲜血，敢于直面惨淡的人生的精神，使教学思路和重心发生了根本的变化。我的教学思路主要是：（1）根据文章叙事内容，概括刘和珍的特点。（2）理解作者对刘和珍的感情，认识她的猛士精神。（3）了解段祺瑞执政府的嘴脸，理解文章交代背景对写刘和珍的作用。整个教学以刘和珍的猛士形象为中心，完全跳出了以前的教学思路和阅读视角。我不敢说这样的解读和教学非常成功，但可以说明很熟悉的经典篇目也可以换一个解读的视角。一位教师教学《林黛玉进贾府》时，抓住两个主要人物的初会去推演他们的"必然爱，必然悲"的结局，也许从红学的角度看算不得新鲜甚至也算不得合理，但从阅读教学的角度看却是一个新视角的解读。作为一名中学教师，由于学力和时间的限制，有时候要换一个绝对的新角度解读作品或许会力不能及，但可以借助他人尤其是一些名家的解读拓展自己的视野，借助他人的视角来形成自己的新解读。如钱理群先生、孙绍振先生常常对选入中学语文教材的一些经典篇目提出新的解读，很值得我们借鉴和汲取。

  二是寻求解读文本的新途径，采用新的切入方式解读文本。

  不同的人解读文章有不同的习惯方式，解读不同类的文章也各有一些基本的途径。这样的习惯方式和基本途径可以提高我们的文本解读效率，但长期采用这样固定不变的方式和途径也会僵化我们的阅读方式和解读文本的思维，使我们对文本的解读很难有新的突破。比如《林黛玉进贾府》，我们一直都是抓住环境描写、人物出场描写引领学生解读教材节选部分的内容。但有一位教师却引导学生在细致阅读中发现"忙"和"笑"这两个反复出现的词，比较不同人的"忙"和"笑"的不同内涵和表现人物的不同作用，带领学生走进人物的内心世界，解读的途径、方式可谓别出心裁。《雷雨》是一部经典戏剧，也是中学教材的保留篇目。长期以来，很多教师用心探索了解读作品节选部分的不同途径和方式。除了抓住剧情，抓住矛盾冲突、人物性格、潜台词等通常途径之外，有的教师从洋火、衬衣、照片、钱等道具入手进行解读，有的教师抓住人物台词中"我们""他们""我""你"等称代的变化进行解读,有的教师抓住侍萍对周朴园称呼的变化进行解读,途径各不相同,但都获得了理想的效果。

除了对文本着眼点的变化外,还可以在教学中通过各种有效的学习活动引领学生深入文本、理解文本。一位教师教学《季氏将伐颛臾》时,让学生根据具体语境在表示孔子和学生对话的每个"曰"字前面加上修饰语,巧妙地引领学生深入解读文本。一位教师教学《南州六月荔枝丹》时,则要求学生先将全文缩写为300字左右的短文,通过比较认识文章引述诗文和资料对于说明的作用与效果,再要求学生利用文章的素材写一个以荔枝为主题的MTV脚本。这样的教学设计不仅是一种综合性、活动性的语文学习,同时也是引导学生解读文本的有效途径。

三是发现文本解读的新问题,并通过问题解决形成教学的新思路。

智慧的阅读,是一个不断发现的过程。

要发现新的问题。这些问题可能是对文本本身解读的发现,也可能是从教学的角度对文本处理的发现。一个不能发现新问题的教师,肯定是缺少教学智慧的。发现问题,解决问题,哪怕问题没有解决,都会提升课堂教学的品位和质量。可以说,凡是成功的课堂、智慧的教学,都会展示出教师发现问题的能力。而死死抓住教学参考书上的问题进行教学的课堂,是绝不可能体现教学智慧的。教学《金岳霖先生》一文,初步阅读读者觉得全文是扣住一个"趣"字展开的,可到底是如何写趣的呢,读者并没有形成清晰的认识。反复阅读之后,终于豁然开朗,发现文章是通过写先生的童趣、风趣、雅趣和士趣,表现先生的个性和人品。苏教版高中语文新教材收入了经典课文魏徵的《谏太宗十思疏》,但版本和人教版的有很大差异,保留了被一些版本删除的内容。对此,很多教师颇有微词,教惯了老版本的我,一开始也不知道如何处理这个棘手的问题。我反复研读后发现,只要从文章结构和中心观点的角度入手,这个问题就可以得到很好的解决,而且这是一个非常有教学价值的问题。于是教学中,我让学生通过比较研读文本,讨论是删除更好还是保留更好,既解决了一个很难处理的问题,又借此引导学生比较深入地解读了文本,同时培养了学生议论文写作的结构意识和阅读探究能力,真可谓一石三鸟。

很多精彩的课堂都是智慧阅读的典型案例。著名特级教师宁鸿彬先生教学《皇帝的新装》，其主要的教学过程是这样的：（1）学生阅读全文，用一个动词概括故事情节。（2）展开讨论，从学生归纳的动词中找出最恰当的一个字——"骗"。（3）讨论故事中人物被骗的原因。（4）讨论孩子没有被骗的原因。全文的教学紧紧围绕一个"骗"字，放得开，收得拢，进得去，出得来，既研读文本，又训练思维，学生主动，教师引导，堪称阅读教学的经典。可这一切的前提，是教师自己的阅读发现。如果宁老师没有发现"骗"字在这篇童话中的独特地位，是不可能有这样的教学创意的。这样的精彩教学充分证明了智慧的教学来自智慧的阅读，智慧的阅读要求教师的阅读必须有自己的发现。

进行发现式阅读，文本解构和文本整合是两个重要环节。

文本解构之所以没有得到应有的重视，很重要的一个原因是人们误以为文本解读包含了文本解构，而事实并非如此。尽管文本解读的过程在一定程度上必然会涉及文本解构，但文本解读并不必然地包含文本解构，甚至很少真正顾及文本解构，因为这两者并不是一回事。一般地说，文本解读主要是对文本所表达的意义的理解和认识，而文本解构主要是对文本结构（即各部分之间关系）和形式特点的把握。用修电视来打比方，文本解读主要是理解电视机的某一工作原理，而文本解构则主要是对电视机硬件结构的了解和认识。对于修理电视的人来说，这两者同样重要。因此，一个语文教师应该具有文本解构的基本能力。

文本解构，首先是弄清楚文本各部分之间的关系。叶圣陶先生在《语文教学二十韵》中说："作者思有路，遵路识斯真。"他还教给了我们把握文章思路的具体方法："看整篇文章，要看明白作者的思路。思路是有一条路的，一句一句，一段一段，都是有路的，这条路，好文章的作者是决不乱走的。看一篇文章，要看它怎样开头的，怎样写下去的，跟着它走，并且要理解它为什么这样走……再往细处说，第二句跟头一句是怎样连接的，第三句跟第二句又是怎样连接的，第二段跟第一段有什么关系，第三段跟第二段又有什么关系，诸如此类，都要搞清楚。"（叶圣陶《认真学习语文》，《语文随笔》第8页，中华书局2007年版）"要把作者的思路摸清楚，先要看一句跟一句怎样联系，再来看段，一段跟一段怎样联系，一段一段清楚了，全篇文章也清楚了。"（叶圣陶

《谈语法修辞》,《语文随笔》第42页,中华书局2007年版)我们知道,要达到叶先生的要求很不容易,但对于一个语文教师来说,这又是必须具备的基本功。

如果说文本的思路分析是文本的纵向解构,那么对文本内容之间、各种因素之间由局部到局部的分析则是文本的横向解构。我们认为,对文本进行横向解构必须把握文本的三个基本层面:文本的意义理解,文本的形式理解,文本的语言理解。文本的意义理解属于文本的解读,但它并不是孤立的存在。文本解构中的意义理解,更主要的是着眼于意义与形式、语言之间的关系。文本的形式理解,主要包含了文章的结构方式、文本的表现手法等内容。文本的语言理解,主要包括文本的语言特点、文章具体句子尤其是关键句的认识和理解等内容。一般来说,任何文本的教学都应该立足于这三个层面。但遗憾的是,我们发现很多阅读教学,或者仅仅停留于文本意义的层面,甚至是浅层意义的理解,其中比较优秀的也仅仅着眼于不同层面意义之间的关系解读。也有的阅读教学仅仅只是文本的语言品味,"说说喜欢的句子"是这种做法的流行教学模式。可以说,忽略文本的形式解读,是阅读教学存在的一个比较普遍的问题。

无论是纵向的文本解构还是横向的文本解构,其共同的指向都是从文本中发现教学内容,发现教学资源,发现可教学之处。可以说,文本的解构是教学内容选择的前提。优秀的教师总是能从文本中发现有价值、有意义的教学资源,即可教之处。而很多教师之所以不管什么文本都只能面面俱到,因为在他们眼中的文本都是一头完整的"全牛"。也有的教师,教学中常常割裂文本,把文本撕裂成一块块碎片,使学生无法走进文本的世界,原因也在此。而不能根据文本的具体内容设计成功的学习活动和教学活动,是阅读教学的一个更严重的问题。因为这些教师无法发现文本中的可"取"之处、可"教"之处,无法发现文本中可以设计和组织教学活动的资源,归根结底,是因为缺少横向解构文本的能力。只有能够像庖丁那样做到"目无全牛",才能达到对文本"以神遇而不以目视,官知止而神欲行。依乎天理,批大郤,导大窾,因其固然,技经肯綮之未尝,而况大軱乎"的境界。唯其如此,才能发现教学中应该从哪里入手动刀、从哪里切入,才能设计和组织成功的教学活动,带领学生自如地进出文本。

　　文本解构固然重要，而更为重要的是文本教学内容的整合。文本整合首先是指在教学中要建立学生对文章整体的认识。

　　我们看到，阅读课上一些教师解构文本的能力的确不错，轻轻松松就将文本大卸八块；我们也看到一些教师自己解构文本的能力并不强，但依据教学参考书和一些资料，也能很快地将文本砍成几个部分、几个层次。但卸完了、砍完了，教学任务就完成了。我们以为这样的教学过程是不完整的，对学生的语文学习也是不负责的。打个比方，就像教学生修电视，将电视拆卸开来给学生看，这固然是必要的。但你把电视拆成一堆零件，然后扬长而去，对学生有什么意义呢。我们有责任和学生一起将电视拆开，更有责任和学生一起将电视组装起来，这样才是完整的教学过程，也才能真正有利于学生学会阅读。

　　文本的整合，还指一篇文本教学中各方面内容之间的整合。一篇文章的可教之处总是丰富的，理想的阅读教学各个教学内容之间不应该是零散的而应该是一个有机的整体，是一种相互依存、相得益彰的关系。而要实现这样的效果，必须能够将教学内容进行有机整合。如我们前面所说，一篇文本可教的基本内容有内容教学、形式教学和语言教学三个层面。但这三个层面并不是简单相加，而是你中有我、我中有他的关系。一些教师常常抱怨课时太少，总觉得处理文本的时间不够，大多与没有深入解构文本的能力有关，更与没有整合诸多教学内容的能力有关。系统论早就告诉我们，整体效益大于各部分相加之和，三个"一"相加，其结果并不是"三"，而其成本却小于"三"。这就是整合的教学效果。

　　整合教学内容，最有效的方法就是设计语文学习活动或者教学活动。目前，阅读教学的展开，大多数是教学内容的简单排列。改变这一现状的最好做法，就是将教学内容整合为教学活动或学习活动。对此，我们在有关文章中已经作过介绍和阐述。这里要说的是，文本的整合也包括文本教学中各个教学活动的整合。理想的阅读教学展开总是由教学活动串联而成，一堂课的教学活动又不宜也不可能很多。我们常常看到一些课堂教学的过程过于繁复和琐碎。或许这些教师觉得很多教学活动都很不错，舍不得放弃，最后只能匆匆忙忙、浮光掠影，好的活动却并没有好的效果。所以，我们经常和年轻教师说：你要努力将几个教学活动整合为一个教学活动。经过整合的教学活动,虽不能说是"以一当十",至少应该是"以一当三""以一当二"。

　　阅读教学的内容整合,也包括文本教学目标的整合。一篇文本的教学目标,自然可以确定许多不同的目标。而这些目标必须体现课程标准提出的"知识和能力、过程和方法、情感态度价值观"的三维目标要求。但我们发现,有些教师对课程目标的理解是教条的、割裂的,设计的教学目标完全是简单化的对号入座:一是知识目标,二是能力目标,三是过程目标,四是方法目标,五是情感态度价值观目标,目标琐碎而繁杂。我们在批评阅读教学的目标被拔高时曾批评过一种现象,即有些教师每节课的阅读教学必然会花几分钟时间安排一个情感态度价值观的教育活动,对学生进行一番做人的教育。似乎不如此,就没有全面体现三维目标,就没有落实新课程改革的要求。这不仅仅是对新课程理念的误解,对阅读教学课程目标的误解,也是缺少目标整合意识的表现。三维目标之间能这样简单化地分开吗?情感态度价值观的目标能通过这样的形式去实现吗?显然不行。三维目标六个要素,是一个统一的整体。知识获得的过程,就是能力培养的过程,能力培养的过程也包含了方法的掌握。至于情感态度价值观的目标,更是在学生的语文学习、诸目标的实现过程中实现的。可见,阅读教学的文本处理,对目标的整合是非常重要的。

　　要说明的是,我们这里的"解构"并非解构主义的"解构"。通俗地说,它就是对文本的拆卸。拆卸和整合是一对矛盾,但无论是拆卸还是整合,都是阅读发现的很重要的途径。

成为一个懂写作的人
——懂写作才能教写作

10年前我在某省作一个关于作文教学的讲座,讲座结束后一位大学教授问我:"你觉得你的讲座有用吗?"我听出他的话暗藏玄机,于是也和他绕起弯子:说有用,也没有多大用;说没用,也有点用。没想到他直截了当地说:"不会写文章的老师教不会写文章的学生,不管什么新课改、新理念、新教材、新教法,统统没用!"话很尖刻、很刺耳,甚至有些偏激,但的确不无道理。

后来在一所师范大学为未来的语文教师们作讲座,当我说到上面这位教授的话时,一位学生站起来问:"难道教师一定要会写作才能教作文吗?那么,请问什么叫会写作呢?只有像作家一样才叫会写作吗?难道作家就一定能进行作文教学吗?难道每一位教师的写作都必须超过他的学生吗?"接着,他引述某游泳世界冠军的教练并不会游泳的例子进行反驳。年轻人气盛,说话咄咄逼人,逻辑上有很多漏洞,我暂不讨论,但他的话也不无道理。

由此不难看出:教师的写作素养和作文教学之间的关系,是一个很复杂的问题,并不能简单化地得出一个结论。

他们的话使我想到现实中的种种现象:有些教师真的不会写作,但他的学生作文未必就差,甚至他的作文教学也很受学生欢迎,或许也很有效;有些教师很有写作才华,但他的作文教学未必就好,学生的作文也未必就写得比其他班级好;有些教师的作文教学基本无所作为,学生的写作也没有明显逊色;有些教师的作文教学颇为用心,学生的写作也没有明显优势。这其中的原因非常复杂，但如果单从教师写作素养和作文教学的关系这个角度思考，我们的基本想法是：不会写作未必不能教写作，会写作未必就能教好写作。这么说，你们是不是认为教师写作素养和作文教学没有关联呢？是不是否定教师写作素养对作文教学的影响呢？当然不是。我们的基本观点是：会写作才能教好写作。语文教师不一定要有不同寻常的写作才华，也未必要写出多少好的文章作品，但必须懂写作。只有懂写作，才可能有效地进行作文教学；只有懂写作，才能教好学生的写作。

那么，什么是懂写作呢？懂写作和会写作有什么不同呢？

懂写作是要能够认识到不同写作类型的不同特点，对中学作文教学有准确的定位。不了解写作的复杂性，不了解不同类型写作的不同特点，把中学生写作和作家的自由写作混为一谈，把中学生写作看成单纯的应试技巧训练，对中学生写作提出不切实际的要求，脱离实际地拔高标准，是当前作文教学的主要问题。而这些问题的根源就是不知道中学生的写作是什么样的写作。一个懂得写作的人，对此应该有清醒的认识，应该知道中学生的写作本质上是非自由的指令写作，绝大多数学生只能写出文从字顺、言之有物、切题得体的一般文章。文学式的作品，竞赛中出奇制胜的获奖文章，乃至中高考中凤毛麟角的高分满分作文，都不是中学作文教学的任务，或许也不是我们通常的作文教学能够教出来的。明白了这些，就不会为难自己，也不会为难学生，就知道力气应该花在哪里，怎样花力气。

懂写作是能够把握写作的基本规律，了解中学生写作能力提高的基本路径。一个懂得写作的语文教师，应该知道不同类型的文章的写作能力是通过什么途径提高的。比如文学创作能力，恐怕依靠训练几乎是没有用处的。几乎没有作家是大学中文系培养的，更不是中学的作文训练所能培养的，甚至恰恰相反，中学的作文训练只能戕害作家而不可能培养作家。一个懂得写作的语文教师，应该知道学生应对考试的写作能力，不能没有一定的应考训练，但仅仅靠应考训练，或者说只是搞应考训练是没有用处的。现在的问题是两个极端：一种人一味强调所谓的自由作文，最后似乎学生的作文也没有写好，不仅应对考试不行，自由创作也没有多大成就，有一点成就的就是那几个有天赋的人；还有一种人，就是拼命搞应对考试的训练，从初一到初三，从高一到高三，按照类型训练，按照话题训练，按照能力点训练，按照写作方法训练，能想到的都做了，一切照搬考场机制，包括打分都和考试一样，最后似乎也没有什么成效，因为这些都是违背写作基本规律的做法。自由式写作激发了学生的兴趣，让学生享受了写作的幸福，积累了写作的体验，但因应对考试的游戏规则和这全然不一样，甚至相反，就像不知道比赛规则的教练训练运动员，结果可想而知。单纯的应考式作文教学，有的只是技巧，只是所谓的方法，丢弃的是最主要、最根本的素养训练、能力训练，就像一个教练，即使让所有运动员把比赛规则倒背如流，比赛也终究不能获胜。遵循规律的做法是两者的互补和共生。

懂写作是要理解中学生作文的特殊处境，能够站在学生的立场指导学生的写作。一个懂得写作的人，一定会知道不同的生存环境和写作环境决定了不同的写作方式，而不同的写作方式又制约着写作的质量和作品的质量；一个懂得写作的语文教师必须对中学生的写作处境有全面深入的了解，否则他的教学就难免是隔靴搔痒。他的话学生不听，他的要求学生做不到，学生需要的他不教，他教的对学生没用。教学下水作文，曾经有过争论，最近几年似乎又时兴起来了。作文课上，教师几乎总要秀一段，甚至是一篇，但效果怎么样呢？就我听的课来看，有的的确有效，有的几乎没效，甚至是反面的效果。是什么原因呢？一个重要的原因就是教师并不真的了解学生的写作处境，说到底就是没有真的"下水"。有位高三教师用自己的下水作文给学生作示范，话题是某省关于时尚的话题，老师的作文搜集的时尚素材的确非常丰富，从语言到服饰，从生活方式到爱情态度，剖析也的确很深刻，对照高考要求或许真的能得高分乃至满分。可这样的下水对学生有用吗？没有。学生的作文是在考场上写的，不可能像老师一样到网络上去搜索。有的人会说，要写好文章就要关心生活。道理当然是对的，可是现在有多少中学生有时间像这位下水教师一样关心生活呢？就是现在的教师，又有几个能像这位教师一样关心生活，搜集这么多的时尚内容呢？我就不行。一个教师不了解学生的写作处境和写作方式，他的作文教学效果肯定是不理想的。

懂写作是自己要具有较为丰富的写作体验和经验，能够将自己的写作经验和体验转化为作文教学资源。我们对下水作文提出一些讨论问题，并不意味着否定下水作文，只是不主张简单化地和学生同题同时一起下水，而是主张中学语文教师应该坚持写作。一个从不写作的人，不可能真正了解写作规律，也不可能真正了解写作教学规律；他的作文课只能是讲写作知识，讲写作方法，或者是出个题目让学生写，然后根据自己的好恶打个分数了结。其实，写作知识、写作方法，书本上多的是，并不需要教师讲；即使要讲，也是教师用自己的话语讲，结合自己的写作体验讲，这才是学生所需要的。某种意义上说，教师自己的写作体验是作文教学最重要的教学资源。一个懂得写作的教师，应该从自己的写作中获得对于写作和作文教学的理解，而不是从书本上获得，至少应该把书本的写作知识和自己的写作体验融合在一起，形成关于写作的教学内容。

多年来，我们一直致力于共生写作的探索实践，而共生写作的一个重要的类型就是教师写作和学生写作的共生。在作文教学中，教师靠什么调动、激发和指导学生的写作呢？我们以为，主要不是靠知识讲解，也不是靠方法传授，更不是靠简单反复的写作训练，最有效的是靠教师鲜活的写作体验和丰富的写作经验去激活学生的写作，依靠多种形式的师生共生写作活动实现写作教学目的，让学生喜欢写作，感受写作，认识写作，学会写作。

由以上内容不难看出，"懂写作"和"会写作"不是一个概念，对于中学语文教师来说，"懂写作"比"会写作"更为重要。有人说：要求中学教师会写作要求太高了，其实并不是这么回事。会写作，不一定懂写作，很可能是擅长某一方面的写作，很可能会写而说不清楚，更不一定会教别人写作。懂得写作的人，或许写作方面并没有很高的成就，但对写作有比较全面的了解，更懂得如何去指导别人写作。这就是我们强调中学语文教师应该懂得写作的原因。

因此，中学语文教师不一定会写作，但是必须懂写作。

语文教师懂写作，才能有比较正确的写作教学理念。现在，有些教师或者简单化地提倡自由作文，或者一味进行应试作文的训练，或者用文学创作的方法指导学生写作，或者致力于指导学生写作的方法和技巧，这都是不懂写作而造成的。懂得写作的教师必然知道，中学生的作文不能等同于文学写作，也不同于作文竞赛，它有着自身的写作规律。简单化地表现生活，表现自我，表现真情实感，都不能解决问题。

懂写作的语文教师才能对学生的写作提出合理要求。脱离学生实际，提出过高的要求，也是目前作文教学的一个很严重的问题。就高考作文评价标准来看，提出了"新颖""深刻""有文采"等发展等级要求，我们以为，这是不懂得中学生作文的特点造成的。我在多篇文章和多次讲座中指出，按照目前的高考作文评分标准，语文教师有多少能达到要求呢？阅卷教师有多少人能达到要求呢？命题人又有几个能达到要求呢？大家都做不到，却要求学生做到，这就是不懂得写作规律。

懂得写作规律，就能合理安排中学作文教学。很多人发现，目前的作文教学杂乱无序。但有没有一个序呢？又应该是一个什么样的序呢？如果以为应该有一个序，安排好初中三年的写作，先写什么文体，后写什么文体，一共有多少次写作，分别写什么内容，各达到什么目的，这就是不懂得中学作文教学规律。但如果以为中学作文教学就是杂乱无序的，则又是走到另一个极端，也是不懂得中学作文教学的。即使应对高考，其实也是有规律可循的。三年怎么安排，两年怎么安排，一年怎么安排，三个月怎么安排，一个月安排，三天怎么安排，在考场怎么安排，都是有规律可循的。只有真正懂得写作的教师，才会掌握其中的规律。

只有懂写作的语文教师，才能采取科学的方法指导学生写作。现在，很多教师都注重方法的教学，如取材的方法、审题的方法、构思的方法、安排结构的方法、种种表现手法。其实，这都不能从根本上解决问题，作文的问题主要不是方法的问题，不管你教给学生多少方法，没有必要的积累，没有一定的写作经验，方法根本不起作用，甚至适得其反。只有懂得写作，掌握了写作方法的语文教师，才能找到有用的、可行的方法。

用自己的读书引领学生读书
——整本书阅读教师要先读

根据《普通高中语文课程标准（2017 年版）》的要求，"整本书阅读"将是高中语文教学非常重要的板块，列 15 个任务群之二，是所有学生必修的教学内容。毫无疑问，课标如此重视整本书阅读是非常有道理的。只做练习不看书、多做练习少看书的语文教学，肯定是不符合语文学习规律的，也是不可能真正培养学生的语文综合素养的。可以预想，整本书阅读将是高中语文教学很重要的教学内容和教学形式。如何教学生去读整本书，将是一个有待深入研究的非常有意义的课题。很多有识之士就这个问题发表了颇有见地的观点。而我要说的是，要开好这类课程，光说一些策略和方法几乎是没有意义的，完成好这个任务群的教学任务，引领学生读书，教师先读书、把书读好是前提。

从某种意义上说，语文教师没有不读书的；但从某种意义上说，语文教师能真正读好几本书，真正会读整本书的又并不是很多。之所以这样说，是因为教师的整本书阅读不是一般意义上的读书，它应该具有如下一些特点和要求。

一、教师的整本书阅读其实是一门课程的开发

整本书阅读，从课程标准的角度讲是一个任务群，但从教师教学的角度讲应该就是一门课程。如果从一门课程的角度讲，就必然包含教学目标、教学

过程、教学内容、教学评价等基本要素。因此，教师的整本书阅读，首先便是要确立一本书阅读的教学目标，或者说发现这本书阅读的学习价值，要明确学生为什么要读这本书，读这本书对他们来说有什么意义。其次，明确这本书阅读的教学内容，或者说是发现和选择一本书阅读的教学资源，即这本书有哪些应该让学生获得的学习资源。有可能一本书，我们看到的就仅仅只是一本书，作为教学和学习的一个任务群，让学生学什么、做什么并不清楚，这就需要教师在阅读中去发现。如果还是像以前的阅读教学一样，完全借助参考资料进行教学，则可以预见，新课标新教材的语文课程改革又将是"换汤不换药"的闹剧。比如《论语》和《呐喊》这样以语录和单篇组合而成的名著，如果我们的整本书阅读教学，还是一段一段地学习、一篇篇地教学，则完全违背了课程标准确立整本书阅读这个任务群的初衷。也有可能，一本书有很多的学习资源，而哪些是应该让我们的学生获得的，也需要教师进行一定的选择。哪怕教材组编写了理想的教材参考书，对于教师的教学来说，也一定有一个教学内容发现和选择的问题。而这些内容往往又是很丰富的，它们之间是什么关系，应该怎么进行处理呢？这都需要教师进行组合和整合。比如《红楼梦》，可以读、可以教的内容实在是太多了，但并不是所有的内容都适合、都需要、都能够作为教学内容和学习内容，即使都可以，时间也是有限制的。这就需要教师先好好读一读，读进去又读出来，才可能有好的选择，对学生进行适当的指导。而选择之后的内容也涉及和包含许多方面，怎么在教学中进行组合，这更需要教师自己必须先有深入透彻的阅读。换一个角度看，教师自己阅读的亲历过程，本身就是非常有价值的教学资源。而整本书阅读，无论是作为一个任务群还是一门独立的课程，教学评价都需要得到重视。整本书阅读，学生要采用什么样的学习方式，要完成哪些学习任务，教师又采用怎样的评价机制和评价方式比较合理，如果教师自己没有亲历阅读，没有先把整本书读好读透，这些问题就很难解决，更难有理想的效果。

二、教师的整本书阅读应该是一种阅读方式的示范

课程标准把整本书阅读作为一个很重要的任务群，对于学生语文素养和

综合素养的提高固然有多方面的意义，但我以为，让学生会读书也是主要价值之一。根据自己的特点，根据不同的书以及读书目的，采用不同的读书方法，应该是会读书的很重要的指标。所以我认为，语文教师立足语文教学、立足教学生整本书阅读的读书，还应该是一种读书方式的示范。某种意义上说，这也是整本书阅读的课程内容的一个很重要的方面。

  读书的方式，既指一般的读书策略，具有普遍意义的读书方法，也指一些针对性的甚至是个性化的读书方法。古人总结了很多读书的方法，既有一般的读书方法，又有非常具体的读书方法，前者如先博后专，后者如钩玄提要。我带领学生读《论语》，首先因为它是一本高中生必须好好读的书，一个中国人应该好好读的书，也因它是我自己好好读过的书，而且是我在读书方法上有点心得的书。正因为如此，便有了我和学生一起读《论语》的整个活动。我们见到的关于《论语》的专著，绝大多数是对它进行逐章甚至逐句的疏解，在疏解中表达自己的见解，融进哲学、文化、历史方方面面的内容。但也有一些不同的读法，抓住某一个点对《论语》进行纵向的阅读。我觉得这样的读法可能更适宜高中生，既可以节省时间，又可以充分体现研究性阅读的特点。我不想照搬别人让学生从孔子的教育思想、辩证哲学等角度去选题阅读，一方面，这些话题都比较大；另一方面，学生选择的空间也比较小。在我读《论语》的过程中，发现《论语》虽然是语录体，但中间却活跃着一个又一个人。于是，我先尝试着从"人"的角度对《论语》进行纵向阅读，把文化思想的著作读成小说。应该说，越读越享受，后来便组织学生也采用这种以人为点进行综合阅读的方法。实践证明效果非常理想，不仅自己出版了专著《论语读人》，而且得到了专家认可；更为欣喜的是，班上学生的阅读也收获了丰富的成果，他们的论文质量非常可观。

  当然，整本书阅读中教师的阅读方式示范，不仅是阅读形式的方法探索和示范，而且是整本书阅读的思想方法的示范。我认为，整本书阅读这个任务群最大的课程意义和教学价值在于教会学生在读书中思考。如果一定要从读书方法的角度进行解释，就是既要能够读进去又能读出来。读进去，就是读懂、读通、读透、读深入；读出来，就是不拘于前人之说，能够有自己的思考、见解。从人的角度综合阅读《论语》，比如只是罗列前人对孔子及其弟子的定评，意义就不大。我的拙著能够出版，很重要的原因是我对《论语》中的每一个人都有自己的解读。更让我欣慰的是，我们班级的绝大多数学生也有他们自己的既不同于前人又不同于我的解读。我想，无论是读书还是治学，这对于学生来说意义都是非常大的。

三、教师的整本书阅读还是适合的教学形式的发现

整本书阅读，无疑必须以学生自主阅读、课外阅读为主。但只有学生的阅读，只有课外的阅读，便不能说是课程，更不能说是教学。有些理念先进的学校和教师，他们看到了阅读对于学生语文学习的重要，便专门留出时间开设阅读课。但什么是阅读课呢？就是把学生带进图书馆，或者就是给学生开一个书单，有的再弄一点读书活动。某种意义上说，学生进了图书馆，就是一种熏陶；开个书单给学生，再有一些检查和活动，肯定也会有一定的益处。但从课程角度和教学角度看，这样做都不是理想的形式，也不会有好的效果。我曾经跟踪过所谓的"阅览课"，学生进了阅览室，先是找书，然后再阅读，下课前提前将书还到原位。姑且不说，学生找书还书的磨磨唧唧，读书过程中的相互干扰，其他问题也很多。比如读书的随意性。上次看什么书，这次看什么书，常常没有连贯性，很多学生是随意拿一本书就看了起来。如果按照计划一本一本读，每次要找以前的那本书，并不是一下子就能找到。再说，一本书读了一部分，停下来一周，等下一次阅览课接着读，效果也不是很好。更重要的是，教师教学作用的缺失。学生看的书不一样，教师也不熟悉，所以没有办法进行有效的指导和引导。至于开一个书单，弄一点活动，要保证学生都能按要求读书，就更没有保证。现在的学习环境，能够用一点时间读书的学生实在太少，即使有点多余时间，学生也觉得先完成作业、做题目更重要，所以放养式、自由随便的阅读，很难保证读书的质量和效果。

所以，整本书阅读并不是提提要求，布置一点作业就能解决问题达到目的的，教师要努力寻找针对不同的书和不同的学生的比较适宜的教学形式。指导初中的整本书阅读，我采用过读书抢答会的形式，要求学生在读书过程中每个人围绕书的内容出不少于五道的简答题（内容形式上，我会有具体的指导和

要求），并且准备好答案。然后交给我和课代表，我们从中选择50道题目（被选中有奖励），在课堂组织抢答。抢答后，命题人公布自己的答案，命题人和答题人可以进行讨论，再让学生评判怎样答更有道理。这种形式既简单又容易操作，效果也比较好。我在高中最常用的方法是读书报告会，先报告，后回答专家（邀请语文教师、高年级同学或校外专家担任）和同学们的提问。在报告会中，对每个学生提问的次数也有要求。我先是根据报告会书面报告打分，再根据报告会现场报告、答问和提问三个方面的表现打分，自己觉得这样做的效果也不错。当然，除了抢答会和报告会，还有多种形式。比如，我指导学生读《论语》就是让学生按人物选择专题进行研究完成论文，很重要的形式便是选择同一专题的学生分小组进行研讨，我则轮流参与和指导。在我的"本色语文·共生教学"研究团队中，有几位老师对整本书阅读很有研究，开发出非常丰富的课型，比如阅读启动课、阅读推进课、阅读分享课、读写共生课等。毫无疑问，整本书阅读的形式是多样的，课型是丰富的，但只有教师自己好好读了，读透了，才能发现适当的教学形式。

多年前，有人问我什么是理想的高考试卷，我说：让读书多的学生考得好，让不读书的学生考得差，让做练习题没有用。有人问我对付高考作文有什么办法，我说找一两本喜欢的书把它读透。前些年，我们学校有一个不高考直通南大的实验班，我任教语文学科。我的课程内容、教学内容、评价方式基本上都是自己开发的。我提出的课程目标就是：热爱读书，学会思考，善于表达，提升素养。无论是所谓的"应试"还是我们追求的所谓"核心素养"，让学生读书都很重要。真心希望新的高中课程标准关于整本书阅读的要求能真正落地，也希望我们语文教师能借此真正读好几本书。

案例7

《我和学生一起读〈论语〉》

课程背景

2012年开始，经江苏省教育厅批准，苏州中学和南京大学联合招生了"匡亚明实验班"。我们简称"匡班"，这个班级学制6年，学生在苏州中学就读2年，不需要参加高考直升南京大学强化班。

这是一个很难得的高考制度的改革尝试，也是进行高中语文课程改革的难得机会。我是首届"匡班"的语文教师。我想，既然学生的升学超越了高考，那么我们的课程和教学也应该超越高考。

经过慎重思考，我为匡班的语文学科制订了比较完整的课程方案。在贯彻国家课程标准的基础上，我制定的语文课程目标是简单的四句话：热爱读书，学会思考，善于表达，提升生活。围绕这个课程目标，从教学内容到教学形式，从学习方式到评价制度，我都下大力度进行了改革。而这些改革的一个重要内容，就是引导和促进学生多读书。多读书，当然必须多读经典。那么，怎么引导、促进学生多读书、多读经典呢？除了改变评价制度以外，最有效也是最重要的，就是和学生一起读书，和学生一起读经典。

这里谈谈我和学生一起读《论语》的做法。

我读《论语》

《论语》以言简意赅、含蓄隽永的语言，记述了孔子及其弟子的言论，教人为人处世的道理。它与《易经》《老子》《庄子》等都是中华民族的源头性经籍，不仅是道德和文化的重要载体，而且是古代圣哲修身明德、体道悟道的智慧结晶。在两千多年的历史中，它一直是中国人的必读之书。南京大学给"匡班"的定性为"大理科方向"。我知道，这些学生将来花在语文上的时间不会很多，其中绝大多数会出国深造，将来再读中国文化经典的可能性非常小。因此，我觉得，这两年的语文课应该给他们一点中国文化的底子，在他们的精神世界刻下中国文化的烙印。

我在一些谈读书的文章中说过：中外名著太多，我读不完，就多读中国的；中国的书也太多，我就多读源头的。因此，我在《论语》《老子》上都花了一点时间。《论语》尽管很多内容至今仍不得要领，但通读三五遍是有的，有些章节读了十遍八遍也是有的。和学生一起读名著，我首先想到了《论语》。

我曾多次说过，我是一个根底很浅、没有系统读过书的人。才开始读《论语》，就是围绕教学需要读一点。要教学哪些章节，就读哪些章节，基本上就是疏通一下文意，再看一点关于这些章节的解读资料。

后来在读书中遇到了一些关于《论语》的问题，就再去读一读有关章节。我在这样零星读《论语》的过程中发现，作为一个语文教师不把《论语》系统地读一遍是不行的。于是，我买了一本有注释、有翻译的《论语》，集中花了一点时间，好好读起来。说真的，第一遍读得非常吃力，也生出许多愧疚。"四书"在古人是初级读物，而我这个高中语文教师读起来居然很艰难。于是看了一遍之后，搁了一段时间想再温习温习。再读《论语》，并没有因为读过一次而感到轻松，甚至生出更多的问题，于是向前辈请教应该怎样读。前辈说，首先要有一个好本子，并且推荐了杨伯峻先生的《论语译注》。读下来，收获是不小。但比较两个不同的本子，心生很多疑问。虽然总体说杨本更好，但也不尽然；更重要的是有一些解读，两个本子的说法，我觉得都有问题。

为了解决诸如此类的问题，我便请一位大学教授开列了几本浅易一点的《论语》书单，买回了程树德先生的《论语集注》、钱穆先生的《论语新解》、李泽厚先生的《论语今谈》、南怀瑾先生的《论语别裁》，以及李零先生关于《论语》的几本书。渐渐地，似乎读出了一点感觉，自觉收获颇多，比较阅读这些学者、大家对同一个句子、同一个章节、同一个问题的不同解读和阐发，深感很有意思。

读的遍数越来越多，对字句的解释关注越来越少，对问题的关注也越来越少，渐渐地，一个个人物在我眼前鲜活起来。不仅孔子不再是一个概念性的圣人符号，成了一个鲜活的人物，即使子路、子贡、颜回等弟子的音容笑貌，举手投足，一笑一嗔，也都如在眼前，甚至那些出场次数不多的人物，如孔鲤、林放，也都显得个性十分鲜明，于是生发出想写写这些人物的想法。和几位朋友谈了这个打算，他们都很支持。于是又买回了钱穆先生的《孔子传》、匡亚明先生的《孔子评传》、薛仁明先生的《孔子随喜》等读起来。《史记·仲尼弟子列传》自然也是要读的。

几年读下来，多少有了一点心得。特别是对《论语》中的人物，感触越来越深。于是零零星星写了一点东西，散发在《新语文学习》等一些杂志上。今年春节梳理了一下，居然有30篇左右。仅孔子一人，我就写了9篇，有《孔子的率真》《孔子的自信》《孔子的牢骚》《孔子的小聪明》《孔子的难堪》《孔子骂人》《孔子择婿》《孔子赌气》《孔子认错》等。在大家的怂恿和支持下，拙著《论语读人》已经在漓江出版社出版。

学生自读

和学生一起读《论语》，我读当然不是目的所在，而只是条件准备，关键在于学生读。于是高二的寒假作业，主要就是读《论语》。班级统一买了杨伯峻先生的《论语译注》，要求学生每人再买一本不同版本的《论语》，这样就保证班级上有了很多种版本。我也向学生介绍了我所了解的和自己所读的几种版本。

结合自己读《论语》的经历和体会，我对学生的阅读提出了这样几项要求。

第一，认真通读全书，勾画标注，列出文本理解中的问题。

虽然从文字的角度讲《论语》并不艰深，加之又有一定的故事性，有较强的叙述色彩，从某种意义上说，理解难度并不是很大。但由于《论语》的思想内容极其丰富，很多句子和章节又有许多不同的理解，所以解读的空间非常大。"民可使由之不可使知之"是典型的例子。所以，读《论语》，从诸家不同的解读中选择和发现自己的解读，是一项很重要也很有意义的工作。

第二，记录阅读《论语》的心得。

《论语》是儒家学派的经典著作之一，是中华文化最重要的经典之一。它以语录体和对话文体为主，记录了孔子及其弟子的言行，集中体现了孔子的政治主张、伦理思想、道德观念及教育原则等，从多角度谈论了仁、礼、孝、悌、忠、信、智、勇、恕等美德，对人如何在社会中处理多种社会关系都有深刻的见解。读《论语》，从中了解中国文化的精髓，汲取立身处世、做人做学问的智慧，是一个很重要的价值。所以，我要求学生能够联系自身实际，联系生活实际，记录、发表自己的心得。当然，这种心得，并不完全是心灵鸡汤式的自我慰藉、自我安慰、自我疗伤，而是可以从社会生活的多个角度立论。

第三，读完全书后，完成"读《论语》，说孔子"的交流提纲。

从《论语》中读人，是我和学生一起读《论语》的重要切入方式。有"人"，有一个个鲜活的人物在书中走动，是《论语》这部经典的重要特色。《老子》中看不到人，《孟子》中也看不到人，很多经典中都看不到人。因此，我们觉得读《论语》不能不读人。《论语》中读人，首先当然要读孔子。绝大多数学生和我一样，在我们心目中本来孔子只是一个圣人的概念，细读《论语》才发现这是一个活生生的人，而且是一个非常平常、非常可爱的老头。我希望学生读《论语》不只是汲取思想的智慧，铭记做人的信条，还要读出鲜活的人物，读出自己心目中的孔子。

第四，品读《论语》中写到的人，选择自己准备深入解读的人物。

《论语》中，除了孔子的形象十分鲜明，还活跃着一批个性鲜明的人物，其中有许多是历史人物，当然最主要的是孔子的学生。有的多次出场，比如子路、冉求、颜回、子贡等都数次出场，甚至出场数十次。这些人物无不性格分明，各具情态。我要求学生每个人重点关注一两个人物，认识他们的特点，概括他们的个性，解读他们的思想。这或许是解读《论语》的一个独特的角度，也是很切合高中生的一个角度。除了借此解读《论语》的思想，我还希望或多或少能培养学生一点读书做学问的意识。

阅读共享

这是整个活动的重点，根据前面的准备，我们分为这样几轮开展活动：

第一轮是问题讨论。因为我们班的语文课是学生讲为主，学生主持，学生主讲。因此，我们的《论语》研读不是按照文本先后组织学习，而是学生依次主讲，依次交流，提出问题，表达自己的理解，组织讨论。每个学生组织一次，时间则不拘长短。

第二轮是心得交流，主要是谈阅读《论语》的心得体会和对有关问题的思考。

每个同学选择一两则自己有思考的章节谈自己的心得体会，其他同学可以向主讲人提问，和他交流不同的见解。

第三轮是"读《论语》，说孔子"。每个同学谈谈读了《论语》之后对孔子这个人物的印象和理解，并且要以《论语》中的材料作为主要依据。

第四轮是"《论语》读人"。每个同学重点解读《论语》中的一个人物，如果几个同学解读的是同一个人物，我们就让大家集中交流，可以互相进行比较，使得大家都对这个人物有更为深刻的认识。

每一轮活动，基本都包含了这样几个层次。

一是个别交流。

这里的个别交流，既有学生之间的个别交流，又有学生和我的个别交流。比如对文本理解的讨论，很多学生在班级讨论之前就展开了讨论，这样的讨论使他们对自己的问题有了更为深刻的认识。而在确定读孔子和读孔子弟子的这两轮活动的选题时，他们大多会找我交流。有的是和我讨论自己的选题和立论是否有道理，有的则是无从下手时找我聊聊初步的还不够成熟的想法，也有时是我找一些始终不确定选题的学生了解他们读书的情况和对问题以及人物的关注。在交流中，我会帮助他们整理思路，提出一些建议。

二是小组交流。

根据我自己专业成长的经验，尤其是语文教学研究的经验，小组交流的方式对于活跃思想和促进问题思考的深入是非常有意义的。外国人的沙龙我没有参加过，中国人的论坛还是参加了很多。尽管中国式的论坛常常形式大于内容，但收获还是不少的。而对我最有益的，是几个志同道合的人一起随便聊聊语文，常常发现很多有价值的问题，思路也常常因此打开。我觉得培养学生乐于并且善于和别人交流思想（哪怕是不成熟的思想），对他们将来的读书做学问都很有意义。于是，每轮活动中，我都安排了小组交流。有时候是班级原有的小组，有时候是同一个选题的人，有时候就是随意的几个人凑在一起。

三是全班分享。

按照帕克·帕尔默在《教学勇气》中的观点，学生在学习过程中是一个学习共同体的关系，而这个共同体的主要特征就是学习的分享。我们开设的名著阅读课，最后阶段的活动都是全班分享。每个同学都将自己的读书思考写成书面文稿，向全班同学报告。不少同学都做了PPT，也有些同学还配合内容进行板书。我们要求其他同学对报告人提出问题，报告人对同学们的问题进行答辩。从教学实践看，这样的形式对学会读书、学会思考、学会表达、学会倾听、学会交流都非常有价值。

毫无疑问的是，在整个读书过程中，我都是"在场者"，但绝不是讲述者，也不是指挥者，甚至不是组织者。尽管我读《论语》发现了很多的问题，但讨论文本研读时，绝不提出自己的问题让学生讨论，而是让学生提出他们的问题展开讨论，只是在讨论到相关问题时，我适时插进去谈谈自己的想法，或者在学生不同的意见进行交锋时说说我的看法。特别是在"读《论语》，谈孔子"和品读孔子弟子这两个"读人"的活动中，尽管我早就完成了《论语读人》的书稿，孔子一个人我就写了9篇，弟子写了20个人，但我绝不把自己的想法强加给学生，也不在指导学生选题时渗透自己的观点，而是尽力让他们独立自主地读书思考。

无论是课程标准的要求，还是高考的影响，都使越来越多的语文教师认识到，读书尤其是读经典，对于学生语文素养的提高至关重要。但怎样让学生读书、读经典呢？通过考试来引导当然是一个方法，但仅仅是考试的要求，可能效果还不够理想。事实上，现在为考试而读经典，对着高考命题去读经典，通过做题目读经典等做法，已经比较严重。我们以为，引导学生读经典，比较有效的做法，就是和学生一起读。和学生一起读《论语》，就是我们的一次尝试。

后　记

坦率地说,作为一名普通的中学语文教师,我出的书真的不算少了。自我审视,自己真的没有什么学问,何以要出这么多书?

今年已过花甲,我本来想,后面的闲余时间把自己读《红楼梦》的一点心得整理出来,再把写父辈生活的一部长篇写出来,便看点闲书,作些短文罢了。

但还是又出了这一本。

这是一本专门关于"语文共生教学"的书,也是语文共生教学最重要的一部书。

关于语文共生教学已经出过两本半书。两本是《你也可以这样教阅读——黄厚江共生阅读教学基本课型及典型案例》《你也可以这样教写作——黄厚江共生写作教学基本课型及典型案例》,半本是《语文课堂寻真——从原点走向共生》。前两本,主要是教学实录,尽管我把它们归纳为共生阅读教学和共生写作教学的基本课型,但只是强调了那些教学实录中运用的共生方法各有侧重。应该说,那是对共生教学的初期思考和实践总结。出版《语文课堂寻真——从原点走向共生》时,自己觉得对语文本色教学主张的梳理已经基本完成,对语文共生教学的思考业已趋于成熟,这本书便是对这两方面内容的整合。作为一线教师,出版语文教学方面的著作,我一般都是要配些案例的,但因为字数、体例等方面的原因,出版《语文课堂寻真——从原点走向共生》时,我已经配好的实录最后都被"割爱"了。以至于那本书成了一本纯粹"讲道理"的文字,这是我非常担心的事。

很显然,出版这本《看得见成长的课堂》,最主要的目的是全面而系统地向大家介绍语文共生教学,同时也是弥补《你也可以这样教阅读——黄厚江共生阅读教学基本课型及典型案例》《你也可以这样教写作——黄厚江共生写作教学基本课型及典型案例》这两本书理论上的不成熟,和《语文课堂寻真——从原点走向共生》缺少实录的缺憾。我可以负责任地说,在这本书里,我关于语文共生教学的思考更为全面,语文共生教学的理论建构更为成熟。细心的读者会发现,这本书中增添了许多关于语文共生教学的新问题的论述。比如语文学科核心素养之间的共生关系,共生教学中的教师角色,共生教学中的"教""学"关系,共生教学中如何引领学生精神成长等问题。毫无疑问,对于一个教学理论和一种教学方法,这些内容的讨论是不应该缺少的。

除了一些新的观点,对一些一直关注的问题,我又有了许多新的思考和认识。2017年,我们提炼出语文共生教学最主要的特征是"让语文课堂看得见成长"。长期以来,语文课看不见效果,是一个普遍的问题,而且很多人在认识、理论上认为这是正常的。用语文学科的模糊性特征,用语文能力和素养提高的隐性特征掩盖了语文课堂教学没有效、没有用的问题。也有些人极其狭隘地用考试成绩来衡量课堂教学的所谓"有效"。就这个意义上说,这本书的取名,表达了我们对语文共生教学思考和认识的新成果,也是我们又愿意出这本书的很重要的原因之一。

作为作者,每当看到新书中有些内容是以前的书已经有的,心里很不是滋味。尽管有朋友安慰我这是难免的,尽管这些看似相似的文字背后的认识和观点都会有所变化,而且这些变化总体来说是越来越明确和越来越准确,但我还是感到对读者非常愧疚。基于此,我便努力在每一本新书中尽可能地增加新的内容,同时也尽可能地对一些已经出现过的内容作必要的调整。比如这本书中,我除了完善调整了很多观点,教学案例的选择也极其用心。其中,《心田上的百合花开》《山民》《出师表》《写出认识的变化》《春江花月夜》《带着学生读〈论语〉》都是新的教学案例,《我的叔叔于勒》也根据新的教学方案作了一定的调整。心有愧疚的同时,我唯以此弥补读者的遗憾。

戊戌正月既望

图书在版编目（CIP）数据

看得见成长的课堂／黄厚江著．—上海：华东师范大学出版社，2018
ISBN 978-7-5675-8415-0

Ⅰ．①看… Ⅱ．①黄… Ⅲ．①语文课—课堂教学—教学研究—中小学 Ⅳ．①G633.302

中国版本图书馆CIP数据核字（2018）第230188号

大夏书系·语文之道

看得见成长的课堂

著　　者	黄厚江
策划编辑	李永梅
特约编辑	徐　飞
审读编辑	任媛媛
封面设计	奇文云海·设计顾问
出版发行	华东师范大学出版社
社　　址	上海市中山北路3663号　邮编　200062
网　　址	www.ecnupress.com.cn
电　　话	021-60821666　行政传真　021-62572105
客服电话	021-62865537
邮购电话	021-62869887　　地址　上海市中山北路3663号华东师范大学校内先锋路口
网　　店	http://hdsdcbs.tmall.com
印刷者	北京季蜂印刷有限公司
开　　本	700×1000　16开
插　　页	1
印　　张	16
字　　数	248千字
版　　次	2018年12月第一版
印　　次	2024年3月第三次
印　　数	8101-9100
书　　号	ISBN 978-7-5675-8415-0/G·11552
定　　价	49.80元
出版人	王焰

（如发现本版图书有印订质量问题，请寄回本社市场部调换或电话021-62865537联系）